Docteur J. AUBŒUF

Le Coup de Massue

Étude Militaire

Préface de PAUL DÉROULÈDE

AVEC QUATRE GRAVURES DANS LE TEXTE

. — Henri CHARLES-LAVAUZELLE, Éditeur Militaire

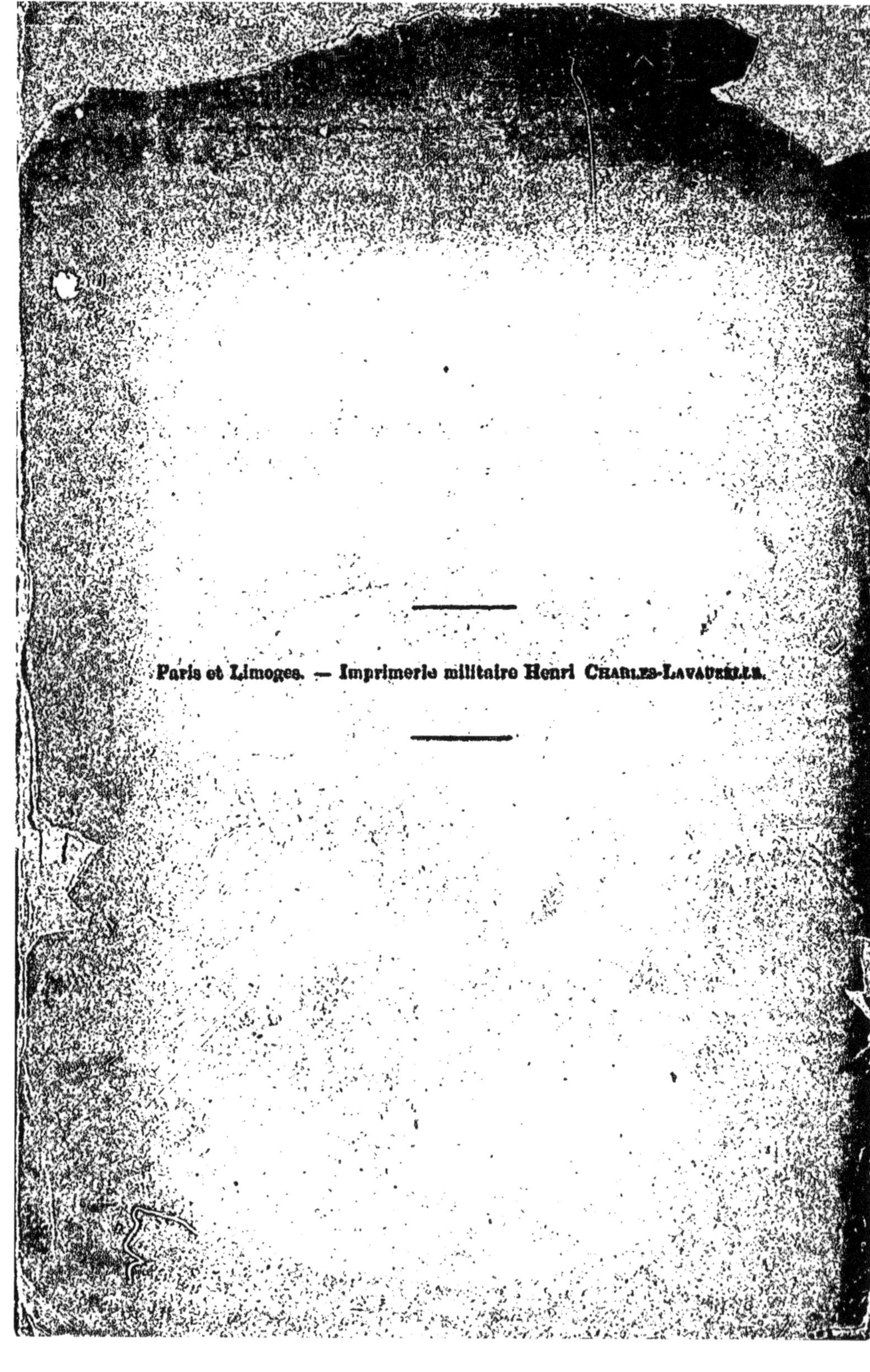

Paris et Limoges. — Imprimerie militaire Henri CHARLES-LAVAUZELLE.

LE COUP DE MASSUE

DU MÊME AUTEUR

Français et Allemands. — Vol. in-8° de 120 pages. (*H. Charles-Lavauzelle, éditeur.*)

Cri de guerre. — Vol. in-18 de 414 pages. (*Dentu, éditeur.*)

La Marine française et la prochaine guerre. — Vol. in-18 de 137 pages. (*Edinger, éditeur.*)

Étude comparative des ressources militaires de la France et de l'Allemagne. (*Journal des Sciences militaires.*)

Les Anglais et les Russes dans l'Inde. (*Progrès de Karikal.*)

L'infanterie française et l'infanterie allemande. (*Bulletin de la Réunion des officiers.*)

La défense des Alpes contre les armées italiennes. (Journal *le Drapeau*)

La marine (Journal *le Drapeau.*)

Brochures. — Cartes.

Les frontières de l'Est quinze jours après la déclaration de guerre. (Conférence.)

A propos de « Avant la bataille », réponse à « Pas encore » et à « Avant la lutte ». (Conférence.)

Pourquoi et comment l'Allemagne sera battue à la prochaine guerre. (Conférence.)

De la supériorité militaire de l'alliance franco-russe sur la triple alliance. (Carte.)

Armée française et armée allemande. (Carte.)

Carte de la frontière franco-allemande.

Etc., etc.

Docteur J. AUBŒUF

LE COUP DE MASSUE

ÉTUDE MILITAIRE

Préface de Paul DÉROULÈDE

PARIS
HENRI CHARLES-LAVAUZELLE
Éditeur militaire
10, Rue Danton, Boulevard Saint-Germain, 118
(MÊME MAISON A LIMOGES)

PRÉFACE

Voici un livre utile et qui vient à son heure.

Fortement documentée, logiquement raisonnée, cette belle étude militaire ne justifie pas seulement les espérances de ceux qui croient « quand même » à la victoire de nos armes ; elle fait taire, en les démentant par des chiffres, les prophéties de malheur de certains Français de peu de foi.

Il va sans dire que nous ne confondons pas ces derniers avec les blasphémateurs de la Patrie et de l'Armée. Ceux-là sont des criminels quand ils ne sont pas des fous. Et, par malheur, il y a dans l'état d'esprit de la plupart de ces misérables beaucoup moins de folie que de calcul. C'est l'égoïsme surexcité, la lâcheté intense, le désir de n'avoir à sacrifier à rien ni à personne qui déchainent en eux cette révolte contre la solidarité française, cette haine du devoir militaire.

La prétendue horreur qu'ils disent avoir de tirer sur leurs frères allemands vient surtout de l'horrible peur qu'ils ont que leurs frères allemands ne tirent sur eux.

Ils ne renient la Patrie, ils n'attaquent l'Armée, ils n'insultent le Drapeau, que pour avoir à leurs propres yeux une excuse philosophique de ne pas servir la France.

Leur internationalisme aigu n'est que de l'individualisme passionné.

« Périsse ma Nation pourvu que je vive ! Vivent les Prussiens pourvu que je ne meure pas ! » Telle est, dépouillée de phrase et de périphrase, la doctrine exacte de ces bons amis de nos ennemis.

J'ai toujours regretté, je regrette toujours que, dès le temps de paix, une loi spéciale ne qualifie pas de crime de lèse-patrie toutes ces prédications de reniement de la France, et de désertion du drapeau.

Ce n'est pas un délit d'opinion que de se déclarer anti-français. Il serait de toute justice de priver de leurs droits civiques les citoyens qui se mettent ainsi eux-mêmes hors de la cité. A quel titre leurs bulletins de vote viennent-ils se mêler et faire contrepoids dans les urnes électorales aux suffrages d'hommes qui n'ont sans doute pas tous la même conviction politique, mais qui ont tous, républicains ou non républicains, le même amour pour la Patrie, le même souci de sa grandeur, la même aspiration vers son relèvement.

Quant à ce qui se passerait en temps de guerre, je suppose et j'espère que le premier coup de canon réveillerait dans toute sa force notre vieille loi martiale, salut du peuple et sauvegarde de l'Etat.

Aussi bien, la question qui est posée dans le bréviaire de guerre du docteur Aubœuf a justement trait à l'opportunité de ce premier coup de canon.

Mon ami affirme que nous n'avons jamais été plus prêts.

C'est à lui, c'est à son œuvre que je laisse le soin de montrer et de démontrer que rien ne manque à notre force matérielle.

Ce n'est pas à moi, ce n'est pas à un patriote qu'il convient d'écrire et de décrire au seuil de cet ouvrage ce qui manque momentanément, selon moi, à notre force morale. D'autant que l'âme de la France est si prompte à se retrouver, si facile à émouvoir, si puissante quand elle s'émeut !

Et puis, rendre à un être humain pleine conscience de sa vigueur physique, n'est-ce pas déjà lui restituer une bonne part de son énergie et de sa vaillance coutumières?

Le livre du docteur, qui établit clairement le bilan de notre trésor de guerre et qui appuie sur de nombreuses raisons nos chances de vaincre, est à ce point de vue un cordial vivifiant et généreux.

Voilà pourquoi, après l'avoir lu avec émotion, j'en recommande avec confiance la lecture à quiconque croit, comme Gambetta, à la justice immanente et souhaite, comme moi, le retour des frères séparés.

J'ajoute pour conclure que les outrecuidantes injonctions de l'empereur Guillaume, les menaces répétées de ses pangermanistes et leur insolente théorie de la France-ôtage trouveront dans cette étude une bonne leçon, qui, je pense, ne sera pas perdue non plus pour nos alliés.

PAUL DÉROULÈDE.

2 mai 1907.

AVANT-PROPOS

Aussi longtemps que, sur notre planète, il y aura un être vivant, règnera la *maladie*. A travers les siècles à venir, tant qu'il y aura *deux hommes, une femme et du pain entre eux*, durera la *guerre*.

Maudire l'une et l'autre n'en empêchera pas le retour, et les lamentations n'y changeront rien.

Supprimer les armées ferait tout juste autant pour l'extinction de la guerre que la suppression de la médecine et des médecins pour l'extinction de la maladie.

Et de même que pour garder la santé, pour conserver la paix le plus sûr moyen est encore d'être fort.

La science ou la civilisation ne trouveront jamais de garantie meilleure.

Le vieil adage latin : *Si vis pacem, para bellum* sera éternellement vrai.

Contre la guerre et pour désarmer les peuples belliqueux (par nécessité quelquefois), les conférences de La Haye ou d'ailleurs, les discours humanitaires et les théories pacifistes seront, dans le présent et l'avenir, comme dans le passé, aussi efficaces que pourraient l'être des meetings ou des sermons sur la morale, la solidarité et la fraternité humaines contre le crime et le mal pour convertir les malfaiteurs de toutes catégories, voleurs et assassins.

On rencontre de nos jours des pacifistes qualifiés qui fondent des journaux dont le titre est *la Guerre sociale*, c'est-à-dire la Révolution, même violente, contre leurs concitoyens, alors qu'ils professent une insurmontable horreur pour la guerre aux ennemis de leur propre patrie. Ces sinistres farceurs font penser aux doux philanthropes, membres de la Société protectrice ces animaux, qui rossent d'importance femme et enfants et se font traîner en pousse-pousse par des nègres ou des Annamites.

En tout temps et de toute antiquité, il s'est trouvé des apôtres de la paix, ce qu'il faut louer sans réserves ; mais aussi des prophètes de paix perpétuelle, ce qui prouve qu'à toutes les époques il y a eu des rêveurs, des illuminés et des... exploiteurs de la crédulité publique, puisque *toujours* et *en tous pays* l'*ultima ratio* a été la guerre, et que ce fléau ne s'est jamais aussi souvent montré que depuis qu'on en annonce la fin.

Sans remonter bien loin, nos modernes professeurs de pacifisme trouveraient facilement des précurseurs ; et, parmi les plus célèbres, l'illustre polémiste Emile de Girardin, qui ne se contentait pas de gémir sur les horreurs de la guerre, de chercher à en éloigner les causes et à en restreindre les ravages — noble et louable occupation — mais qui, semblable à eux et à certains antimilitaristes ou internationalistes de marque, avait prédit la fin de toute guerre avec une assurance digne d'un meilleur sort.

C'était en 1849.

Or, depuis ses prédictions catégoriques, *une trentaine de grandes guerres* (seulement !!!) se sont déchaînées sur les régions les plus favorisées et les plus civilisées de la surface du globe. Citons parmi les principales : Crimée, Italie, de Sécession, du Mexique, de Bohême, de France, de Turquie, du Transvaal, de Chine, de Cuba, de Mandchourie, sans parler de celles du Danemark, de Pologne, des Balkans, Chili, Pérou, Égypte, Abyssinie, Afghanistan, Caucase, Tonkin, Madagascar, etc.

Ab uno disce omnes !!!

Il y a juste vingt ans — 20 ans déjà — M. Camille Pelletan écrivait dans le journal *la Justice :* « que le nuage pouvait crever tous les jours ; que l'empire allemand, né de la violence, ne pouvait croître et subsister que par la violence ; que, dans la prochaine guerre, c'est l'indépendance, c'est l'existence, c'est le génie de la patrie française qui seraient mis en question... »

« Nous sommes obligés, disait-il encore, de vivre à tous les instants dans la préoccupation de la *guerre* qui peut éclater malgré nous, malgré le monde entier. » Et il terminait son remarquable article par ces mots : « Convenez que ceux qui d'avance auraient travaillé à l'énervement de la défense nationale auraient joué un triste rôle. »

A la même époque, M. Clemenceau combattait les entreprises coloniales « parce qu'elles risquaient d'éparpiller les forces, de *distraire la pensée de la France* ».

Sous de pareils auspices ; si bien couvert par les événements historiques des temps passés, et par des personnalités aussi peu suspectes en la matière que celles que je viens de citer, j'espère qu'on ne me tiendra pas trop rigueur d'avoir osé entreprendre une étude sur la guerre dont nous sommes menacés.

Extrêmement inopportune et peu divertissante pour les Byzantins endormis, veules et jouisseurs de notre époque troublée — véritable tournant de notre histoire, cette publication — je l'espère, en outre — trouvera grâce devant les patriotes endurcis et éclairés qui ne veulent ni oublier ni renoncer aux retours immanents, et intéressera, jusqu'à les passionner, les vrais fils de cette bonne terre de France — l'*alma parens* — descendants des fiers et valeureux Gaulois qui ne craignaient rien au monde hormis « que le ciel ne leur tombât sur la tête ».

Je ne ferai pas ici œuvre de citoyen d'un parti quelconque, mais simplement de Français.

C'est dire que je n'attacherai pas plus d'importance et de foi à l'interview de M. Sturdza, chef du parti libéral roumain, paru dans l'*Adeveral Bucharest*, qu'à la thèse soutenue dans la *France conquise* de M. Flourens, où l'auteur va jusqu'à prétendre que « le roi Edouard règne à Londres, mais gouverne à Paris »... et que l'armée « au service d'Albion » qu'il lui fallait sur le continent, *c'est la nôtre!*...

C'est dire aussi que je tiens pour nulles et non avenues les paroles suivantes prêtées à Guillaume, au moment de l'envoi... tardif d'une division de nos cuirassés à Tanger (1) : « Je veux montrer à l'Europe et surtout à l'Angleterre que les ministres français n'oseront faire un geste sans ma permission... »

Cette étude de simple vulgarisation, sans prétention didactique, mais d'un patriotisme jaloux, je la dédie à mes fils, aux patriotes de tous les partis pour qu'ils *sachent à qui s'en prendre* si la France était un jour vaincue de nouveau, humiliée et meurtrie ; alors qu'elle pourrait si facilement redevenir encore la Grande Nation triomphante, civilisatrice, respectée et prospère.

---

(1) En paraphrasant celles du plus illustre de ses ancêtres : « Si j'étais roi de France, il ne se tirerait pas un coup de canon en Europe sans ma permission. »

* *

Mon but est de faire connaître notre puissance militaire ignorée de l'immense majorité des Français ; la comparer à celle de l'Allemagne, c'est-à-dire contribuer à donner à notre pays, puisque cette comparaison apparaîtra tout à fait rassurante, une confiance qu'il n'a pas assez. Je veux prouver :

1° Qu'à la prochaine guerre franco-allemande la période des premières grandes rencontres sera décisive ;

2° Que, dans le cas de conflagration, les Français et les Allemands seront seuls, face à face, en Lorraine, sur les Vosges, en Alsace ou même en Belgique, quels que soient le vouloir des différents alliés ou les velléités de résistance de l'armée belge ;

3° Que les troupes allemandes de 1re ligne, ni plus nombreuses ni mieux armées, *nous pouvons les battre* ;

4° Que *nous pouvons et devons les battre* si, au lieu d'attendre l'attaque et, profitant de certains avantages d'organisation préalable, nous faisons de l'*offensive foudroyante avec supériorité numérique*, ce que nous sommes en mesure d'exécuter présentement, mieux et plus facilement que l'état-major allemand.

La conclusion découlera naturellement : le COUP DE MASSUE, *dont on ne se relève pas*, et que se flatte de nous donner l'état-major allemand, au début même d'une nouvelle guerre, je prétends que c'est nous qui sommes dans la meilleure posture pour l'asséner à l'armée allemande, actuellement du moins, et si ceux qui nous gouvernent et dirigent nos affaires militaires veulent bien se donner la peine de prendre quelques dispositions pour cela.

J'espère qu'il se dégagera de cette étude l'impression

profonde et tenace que, militairement parlant, l'heure ne serait peut-être pas si mauvaise pour la France de... subir une guerre avec l'Allemagne.

J'espère, en tout cas, que tout patriote clairvoyant comprendra que le temps est passé des attitudes humbles et du recueillement, et que, si la guerre ne paraît pas... nécessaire, il est nécessaire tout au moins, il est impérieux de profiter de cette période, fugitive peut-être, de réelle prépondérance militaire, pour parler haut et ferme, et revendiquer certains droits.

Qu'il soit bien entendu que nul désormais dans les conseils du gouvernement et dans nos rapports avec l'étranger, homme d'Etat, diplomate ou militaire, n'aura le droit d'humilier nos trois couleurs sous peine de devenir coupable de lâcheté, de trahison et de lèse-patrie, puisqu'il n'aura plus l'excuse de notre faiblesse ou le prétexte de notre *isolement*.

Si la France n'ose pas, elle subira la punition méritée de son inertie et de sa pusillanimité.

Malheur à elle! car si vraiment elle ne consent pas à disparaître et à se laisser détruire sans résistance et sans lutte, *la guerre est inévitable;* or, cette guerre, jamais peut-être elle ne pourra la faire dans d'aussi bonnes conditions.

Cela fera deux fois déjà — en vingt ans — qu'elle aura laissé passer l'occasion, ayant au pied de la lettre l'Allemagne à sa merci, sinon de provoquer brutalement cette nation, au moins de lui répondre avec dédain et, qui sait, de profiter de l'occasion pour lui faire rendre gorge.

Deux fois déjà l'heure a sonné des résolutions viriles et décisives, à défaut desquelles — comme l'écrivait dernièrement un remarquable écrivain — « les peuples comme les individus végètent d'une vie médiocre et mal assurée dans un monde où les entreprenants et les forts pulvérisent sans remords les timides et les faibles ». Et je partage, quant à moi, cette manière de voir du président Roosevelt, ce modèle des démocrates, qui ne saurait être désavoué par personne quand il dit : « Il y a des sortes de paix qui ne sauraient être désirées parce qu'elles sont plus destructives à la longue que ne le serait aucune guerre, et il faut dédaigner les peuples indolents, ou timides, ou myopes, ou énervés par l'aisance ou le luxe, ou égarés par des fausses doctrines qui reculent devant la virile nécessité de faire leur devoir... »

Ils ignoraient probablement ses paroles, les instituteurs pacifistes et internationalistes de Lille qui, en 1905, lui votaient des félicitations, et aussi la déclaration suivante : « La nation qui s'organise une existence aisée, et prend la guerre en horreur, pourrit sur place. Elle est destinée à s'abaisser, à devenir l'esclave d'autres nations qui n'ont pas perdu leurs qualités viriles. »

Je suis de ceux qui, en présence des brutales provocations du kaiser, déplorent la pusillanimité de ceux qui nous gouvernent, préférant à un geste de décision et de virilité la signature de la convention d'Algésiras, qui ne résout rien, nous prépare des démêlés sans fin et des déboires sans nombre en reculant l'*Inévitable* sans pouvoir le détourner de nos têtes, et dans de plus mauvaises conditions que maintenant.

« Pas de paix qu'avec la tête haute, voilà ce que veut la patrie », écrivait, il y a des années déjà, notre immortel Victor Hugo, et Doumer, dans son beau livre *A nos fils :* « Un grand peuple qu'on saurait incapable de recourir aux armes pour défendre sa liberté ou sa dignité, ne tarderait pas à être asservi... Il n'est qu'un moyen de conserver la paix, c'est d'être fort. » M. Georges Leygues avait déclaré auparavant « que le fer amène l'or ».

Et Clemenceau, au banquet d'Hyères, le 17 octobre dernier : « Il n'y a pas de paix possible sans la force... J'aime, moi aussi, la paix, mais pas la paix au prix de notre dignité, de notre honneur, de notre indépendance. »

« Nos penseurs politiques, écrivait dernièrement le professeur Schiémann, l'ami et commensal de Guillaume dans ses voyages en Norvège, sont trop façonnés sur des principes historiques et philosophiques pour nous permettre de croire au rêve d'une paix perpétuelle. Les nations qui établissent leur avenir sur cette utopie ont abdiqué en tant que facteur historique indépendant, et sont destinés à devenir la proie des peuples mieux avisés. »

Quant aux socialistes allemands, voici ce qu'ils pensent si l'on en croit une de leurs plus importantes Revues : « Il faut que l'Allemagne soit armée jusqu'aux dents, qu'elle possède une flotte puissante.

» C'est là un point de la dernière importance pour tous les travailleurs. Qui fait tort à nos exportations leur fait tort aussi à eux, et les travailleurs ont un intérêt des plus puissants à ce que la prospérité de notre commerce d'exportation soit assurée même par la force des armes. Ce commerce a pris un tel développement que l'Allemagne peut être appelée à le défendre l'épée à la main. Celui-là seulement, qui est sous la protection de ses canons, peut dominer les marchés du monde, et dans la lutte pour les marchés du monde les travailleurs allemands peuvent se trouver dans l'alternative de mourir de faim ou de conquérir leur place les armes à la main. »

Enfin, il n'y a pas longtemps et sous la plume d'un des officiers les plus en vue du grand état-major allemand, nous venait, de l'autre côté des Vosges, cette déclaration dépourvue d'artifice, presque un *avertissement* — après celui déjà significatif, cependant, de « la poudre sèche et de l'épée aiguisée » clamée *urbi et orbi* par l'empereur Guillaume — : « Seul un peuple pourra maintenir sa situation dans le monde, qui mettra sa confiance dans la force de son épée ; qui, à tout instant, sera disposé et préparé à employer toutes ses forces pour faire la guerre. »

Quelle est la force de notre épée ?

Sur quelle puissance militaire réelle et efficace peuvent s'appuyer les paroles des diplomates ou des hommes d'Etat français ?

Quelle posture leur est permise et possible en face des arrogantes prétentions allemandes et des forces militaires vraies qui pourraient au besoin les soutenir ?

Telle est bien certainement, en effet, à cette heure angoissante, la principale question et aussi la plus palpitante d'intérêt que se posent tous les vrais Français, y compris les pacifistes comme M. G. Monod, qui a écrit : « La sécurité nationale étant le premier besoin des peuples nous ne pouvons songer à désarmer », et les socialistes eux-mêmes ! M. Jaurès n'a-t-il pas dit : « Contre toute menace, toute agression, il faudrait défendre la France deux fois sacrée... Pour combattre le joug étranger comme pour défendre la liberté indivisible des nations, nous emploierons tous les moyens dont dispose la classe ouvrière et révolutionnaire. »

Et le citoyen Thivrier : « En cas d'agression étrangère, le parti ouvrier se lèverait pour défendre la nation. »

Jules Guesde, au congrès de Limoges, montrant que le pacifisme préparait aujourd'hui « l'écrasement du pays le plus socialiste par le pays le moins socialiste », s'écriait avec force : «... Je salue les nations constituées... et cela me crée des devoirs... Avant le devoir international, faisons notre devoir national... »

Le récent congrès socialiste de Lyon, enfin, décrétant, lui aussi, que : « La solidarité internationale ne saurait interdire le droit de se défendre contre toute agression du dehors » et « réprouvant nettement l'antipatriotisme ».

Le Maroc! Tanger! Oudjda! qui de nous reste indifférent à ces noms et ne se demande avec anxiété ce qui va sortir de cet imbroglio africain, de cet imbroglio et de tant d'autres : élections du reichstag, succession d'Autriche, rivalité anglo-allemande, etc.?... Quel est le patriote, en tout cas, qui ne désire savoir avec quelle autorité et sur quel ton il est permis aux représentants de la République française de parler des intérêts de la France et de ses revendications légitimes, de manifester sa ferme volonté de garder fièrement son indépendance, et, toute entière, la liberté de ses actes et de ses amitiés.

Le président Roosevelt, déjà cité, a dit : « En traitant de notre politique étrangère et de l'attitude d'une grande nation dans le monde, il est absolument nécessaire de considérer d'abord l'armée et la marine... La voix du faible (1) ou du lâche ne compte pour rien dans

---

(1) Et il l'a bien prouvé à propos du différend japono-californien.

des clameurs de la paix ; seule est puissante la voix du juste armé... Le faible récolte le mépris, et, ce qui a beaucoup plus d'importance, mérite son propre mépris. »

Et Bismarck : « Lorsqu'elles ne s'appuient pas sur des fusils et des canons, les notes diplomatiques sont des notes de musique sans instrument. »

Quel soutien et quelle sanction représentent le nombre et la valeur de nos fusils et de nos canons?

C'est pour essayer de répondre à ces graves préoccupations que ces lignes ont été écrites et c'est précisément parce qu'il faut savoir de sang-froid regarder autour des frontières, mesurer la grandeur du danger qui menace, l'imminence du péril, qu'on doit vouloir se rendre compte, fût-ce au prix de quelque effort et d'une réelle tension d'esprit.

Un certain nombre de Français en sont encore capables.

Mars 1907.

Dr J. AUBŒUF.

LE COUP DE MASSUE

CHAPITRE PREMIER

CONSIDÉRATIONS GÉNÉRALES

Et qui donc pensera que cette recherche de notre véritable force est vaine et qu'il est inutile de savoir par des preuves et des documents irréfutables notre exacte situation militaire, alors que tout semble s'acharner à nous la faire méconnaître, tout, hommes et choses?

Nous vivons dans une atmosphère viciée ; viciée par les utopies et les rêveries humanitaires le plus follement chimériques, par les theories virulentes et les sophismes mortifères du pacifisme ; empoisonnée par les assertions tendancieuses ou intéressées, en tout cas néfastes, de politiciens omniscients, anciens ou futurs ministres, en mal de pouvoir, qui traitent *ex professo* de questions de défense nationale, non seulement avec une légèreté rare, mais, ce qui est plus grave, avec une ignorance impardonnable.

Et, dès lors, comment s'étonnér de la mentalité déplorable de l'esprit public?

Pendant que tout est mis en œuvre, au delà des Vosges, pour convaincre le peuple allemand de la prépondérance des forces de l'Empire, il semble qu'en France on s'évertue à pénétrer l'opinion de notre infériorité, tant et si bien que notre pays s'ignore!

Il ignore ses ressources militaires, la puissance de son épée de combat, et jusqu'à son histoire et son prodigieux passé de gloire et d'actions héroïques.

Et on dirait, tellement l'ambiance est déprimée et navrante, que c'est en vain et inutilement depuis Fachoda et l'*alerte* dernière surtout, que les voix les plus autorisées essayent de faire renaître la confiance, de remonter le courant d'inertie et de découragement, et que des hommes tels que : de Rappe, Lazareff, Langlois et tant d'autres déclarent que notre armée « peut être comparée, sans aucun désavantage, à l'armée allemande... et que nous pouvons la battre... »

Questionnez dans votre entourage et vous serez épouvantés de l'épreuve : huit ou neuf Français sur dix vous déclareront que *nous ne sommes pas prêts.*

Pas prêts, parce que nos gouvernants ont refusé le fer? *Pas prêts*, après trente-six années de préparation, 32 milliards dépensés pour cela, 600.000 hommes sous les armes, des officiers sans rivaux peut-être, une infanterie hors de pair, une cavalerie remarquable, une artillerie incomparable et *quatre millions* de citoyens de 21 à 46 ans, exercés au métier des armes !!

Pas prêts? Mais, si cela était, tous nos Ministres de la guerre, nos généraux, seraient coupables de haute trahison, d'incapacité ou de malversations, et, avec eux, Parlement, Ministres et Présidents de la République. Ce serait la plus effroyable faillite et la plus écrasante condamnation de notre régime républicain.

Heureusement que cela n'est pas. Non, cela n'est pas et c'est à qui parmi les hommes compétents les plus en vue rendra hommage à la valeur de notre armée.

C'est un officier supérieur étranger qui écrivait dernièrement : « Les manœuvres qui viennent de se terminer démontrent jusqu'à l'évidence que l'armée française est complètement à la hauteur de tout ce qui peut lui être demandé en campagne. Une grande partie de sa force réside dans l'initiative du haut commandement et dans la valeur de l'état-major qui exécute son service à la perfection.

» Son organisation est aussi complète que peut l'être une œuvre de ce genre, et les détails remarquablement traités forment un ensemble solide et puissant.

» Les régiments mobilisés de la 4e division étaient de fort belles troupes ayant cette attitude martiale et cette endurance, qui ont toujours été la caractéristique de l'infanterie française.

» Appuyée par une artillerie nouvelle, bien entraînée et puissante ; par une cavalerie qui a fait l'admiration de tous les officiers de cette arme, l'infanterie française, à l'appel de la patrie, retrouverait sous le drapeau tricolore son renom et son antique valeur. »

C'est encore un étranger, le correspondant militaire du *Times*, qui exprimait ainsi ses impressions à la suite des mêmes manœuvres du 2e corps : « La puissance de marche de l'infanterie française est bien connue, et sa discipline de marche est admirable. En réalité, il n'y a pas de limite à ce que peut demander à l'endurance de l'infanterie française un chef qui comprend ses hommes et en qui ceux-ci ont confiance... »

Et un troisième, Autrichien, dans la *Stræffleurs Œsterreichische militærische Zeitschrift* : «... L'instruction de l'infanterie est en général excellente, et les hommes sont très endurants, et cela a été particulièrement remarquable dans la 4e division d'infanterie, portée au pied de guerre au moyen de réservistes.

» Malgré la longueur des marches, la grande chaleur et le poids incontestablement trop grand du paquetage, il n'y avait aucun traînard... »

Et tous trois ne faisaient que répéter l'opinion de presque tous leurs camarades étrangers.

« Numériquement, moralement, disait de son côté le général Bonnal dans une interview retentissante, en dépit des doctrines criminelles semées, je crois que nous sommes de force à lutter avec l'Allemagne... » Et quelque temps après, il écrivait : « Les manœuvres de Silésie de 1906 ont donné à tous les témoins cette sensation que l'armée allemande forme un corps souple et fort, actionné par un cerveau puissant. Nous le savions déjà ; mais ce que nous savions aussi, c'est que l'armée allemande vaut surtout par ses généraux et que, *à égalité de commandement*, les Français font des troupes meilleures que les Allemands. Cette opinion sera permise à un ancien officier de l'armée du Rhin qui, sur le champ de bataille, a vu ses hommes aux prises avec des soldats prussiens et baravois... »

« Le soldat allemand, écrivait le député Gervais après avoir vu successivement manœuvrer les deux armées en septembre de l'année dernière, le soldat allemand ne vaut pas le nôtre à beaucoup près. C'est surtout lorsque la comparaison s'établit, comme je viens de le faire, au lendemain même de nos manœuvres ; quand la superposition des deux formes peut, en quelque sorte, se faire mathématiquement, qu'on saisit bien les différences.

» L'instruction allemande reste, malgré tout, une instruction mécanique, et, quoi qu'on fasse, c'est moins à l'intelligence et à la nature de l'homme qu'on s'adresse, qu'à son sentiment d'obéissance et de passivité.

» L'Allemand reste avant tout de nature militaire, alors que notre tempérament est essentiellement guerrier, et, malgré tout, notre soldat, aussi bien celui de l'active que celui de la réserve, reste incomparable, et, soit dans le combat, en marche ou au cantonnement, il présente, par sa souplesse, son initiative, son entrain et sa résistance, un élément qu'une bonne organisation peut mettre pour longtemps à la première place des troupes de toutes les grandes puissances... »

Sous une autre forme c'est un peu ce que voulaient dire MM. Salis et Messimy, dans leur interview de la *France militaire*, en racontant qu'ils avaient été à même de faire des rapprochements, « qui n'avaient pas été pour leur déplaire entre les troupes des deux côtés de la frontière lorraine ».

Quant au commandant Driant, voici quelle était son opinion à la suite des manœuvres de Silésie : « Le petit soldat de chez nous, si alerte, si débrouillard, si résistant, si passionné même pour la manœuvre quand on sait l'y intéresser, m'est apparu de nouveau comme le type du véritable combattant, comme le plus bel outil de guerre que le Dieu des batailles ait jamais forgé.

» J'ajoute que l'officier *subalterne* français m'apparaît également comme étant un meilleur conducteur d'hommes que son collègue allemand, lieutenant et capitaine, par cela seul que l'instrument dont il joue peut rendre davantage.

» Chacun sait qu'*au point de vue de l'instruction générale* la majorité des officiers allemands, dont les études n'ont guère dépassé la 2e moderne, n'est pas à la hauteur des nôtres... L'Allemand n'est pas guerrier... Il est militaire. Je parle, bien entendu, du peuple allemand et non de son aristocratie... »

« Notre soldat, s'écriait en août dernier dans son beau discours de Mars-la-Tour le général Langlois, notre soldat est bon, crâne, discipliné, confiant, affectueux ; il a conservé toutes les qualités de race de ses anciens ; il est pourvu des armes les plus perfectionnées ; bien encadré, il marchera sans défaillance et versera bravement et sans marchander son sang pour la patrie ; c'est chez lui question d'atavisme.

» Nos officiers de troupe, aussi ardents que leurs devanciers, sont plus instruits, ayant acquis ce qui manquait à ceux-là, l'initiative personnelle et le don d'inculquer à leurs hommes cette initiative si nécessaire au combat moderne.

» Nos généraux ont le même cœur, la même âme, le même courage qu'autrefois ; mais ils ont appris la guerre à l'école de Napoléon et dans l'étude approfondie des campagnes récentes. Enfin, au-dessus, un généralissime imbu jusqu'à la moelle de l'esprit offensif, de la volonté de vaincre et étranger à toute compromission politique.

» Telle est l'armée nouvelle !

» Eh bien, si l'on songe avec quelles difficultés les Allemands nous ont vaincus en 1870, malgré toutes les causes de supériorité qu'ils avaient sur nous : organisation, commandement, doctrine, armement de l'artillerie, instruction pratique, éducation militaire, on ne peut s'empêcher, en voyant les progrès accomplis chez nous, d'avoir confiance et de relever la tête. »

« C'est en vain qu'on veut encore nous effrayer par une prétendue supériorité du haut commandement allemand, écrivait récemment, dans la *Patrie*, le général XXX. Ce n'est pas aux grandes manœuvres que cette prétendue supériorité peut se manifester, tandis qu'on y juge parfaitement de la qualité des troupes (1).

(1) C'est également l'avis de M. Hugue Malenfer, de *Patrie*,

» Mais quand elle existerait? A quoi a servi son génie à Napoléon Ier, lorsqu'au lieu des soldats de la Grande Armée il n'avait plus, pour exécuter ses savantes combinaisons, que les conscrits de 1813, 1814 et 1815 ?

» On a beau dire, ce sont les millions de fusils de nos petits troupiers qui décideront l'affaire.

» Ils dévoreront l'ennemi. »

» Parce que sous la capote du soldat de 1906, pourrait-on ajouter avec le général Niox, bat le même cœur, vibre la même âme qui donnèrent la victoire à ses aînés de la Révolution et de l'Empire.

» L'antimilitarisme ne m'inspire aucune crainte, ajoutait le général, nous restons ce que nous sommes, ce que nous avons toujours été... »

Il y a quelques mois déjà, le colonel Gaedke, le critique militaire allemand bien connu, reconnaissait dans le « Berliner Tageblatt » *l'état excellent dans lequel se trouvait l'armée française pour la préparation à la guerre par rapport à l'armée allemande* — et le 3 novembre dernier, dans le même journal, il concluait, à propos du budget de la guerre français de 1907 : « Tous nos romans guerriers, publiés dans ces derniers temps, établissent comme absolument indiscutable que, dans une guerre avec la France, la victoire nous serait facile, je dirai presque sans douleur. Ne semble-t-il pas beaucoup plus juste de faire comprendre au public qu'une lutte avec un peuple qui se prépare si à fond et avec

---

et de tant d'autres, que nous pourrions citer; c'est aussi notre humble avis, à nous qui connaissons un certain nombre d'armées étrangères et avons suivi les manœuvres allemandes.

une telle décision pour toute éventualité serait, de toute façon, excessivement grave, et que même l'optimiste le plus convaincu ne pourrait garantir avec certitude que la victoire serait à nous ?

» Estimons hautement notre armée ; mais Dieu nous garde de méconnaître les difficultés que présenterait une guerre avec la France. « Etre ou ne pas être », telle serait la question. »

× ×

Ainsi, nos ennemis eux-mêmes proclament notre excellente préparation à la guerre et avouent que notre armée est de taille à leur disputer la victoire.

Pour nous qui avons cette conviction, et sommes intimement pénétré d'une confiance que justifieront amplement toutes les pages de cette étude, nous la crierons bien haut et de toutes nos forces aux bons Français que rien ne lasse et aux ardents patriotes qui espèrent toujours malgré le pessimisme, sans suffisante raison, de certains prophètes de malheur dont nous reparlerons du reste, dans notre conclusion, afin d'en faire mieux encore apparaître la fantaisiste logique et la faiblesse d'argumentation.

Oui, nous prêcherons la confiance parce qu'aucune parole, aucun acte ne doit l'ébranler « quand la guerre est proche peut-être », ainsi que le disait l'amiral Bienaimé à Champigny.

Tous les hommes du métier, tous les écrivains, Morand, Marmont et les autres, qui ont parlé de la guerre comme peuvent le faire ceux qui y ont passé leur vie, n'ont-ils pas toujours dit et conclu : « La guerre est le jeu des forces morales ; dès qu'un des deux partis est pénétré du sentiment de son infériorité vis-à-vis de son adversaire, *il est battu.* »

Et pourquoi nos soldats n'auraient-ils pas confiance dans leurs chefs, dans leurs armes et en eux-mêmes ? Pourquoi n'auraient-ils plus le feu sacré ?

« Les Français, dit le maréchal Marmont dans son beau livre *De l'esprit des institutions militaires*, valent dix fois leur nom avec un chef qu'ils estiment et qu'ils aiment. »

Qui pourrait dire dans combien de combats de l'épopée impériale, par exemple, la confiance en Napoléon qu'ils croyaient présent sur le champ de bataille a valu aux soldats de cette époque le gain de la journée ?

Et nos généraux méritent confiance.

Après la *confiance en ses chefs, la confiance en soi* qui contribue si largement à donner le moral et qui doit se compléter par ce sentiment généreux qu'on appelle la *force morale*, cette force acquise, cette résultante de l'éducation qu'on acquiert successivement dans la famille, à l'école, sous les drapeaux et qui fait « que le soldat a de la bravoure parce que son cœur ne peut pas autrement ».

Les exploits les plus extraordinaires, les actions les plus héroïques, en apparence incroyables si on envisage le seul côté matériel du combat, tels que ces hauts faits, dont fourmille notre histoire, d'un soldat luttant seul contre cinq ou six adversaires dont il tue deux ou trois et emmène les autres prisonniers ; ces exploits fantastiques d'Erfurt, de Spandau, de Stettin, de Magdebourg, de Prentzlow ne s'expliquent-ils pas très facilement, au contraire, dès qu'on fait intervenir la confiance en soi, le sentiment de sa supériorité ; dès qu'on fait entrer le moral et la force morale en ligne de compte ?

Et nous verrons si le soldat français peut, à juste titre, avoir *confiance en soi.*

Enfin, pour donner le *moral* si nécessaire à toutes les grandes actions, il faut encore avoir *confiance dans ses armes*, confiance en son matériel de combat; et la suite de cette étude dira également si, à bon droit, nous pouvons avoir confiance dans nos armes.

Aux quatre millions de citoyens français devenus subitement soldats à l'heure du danger au moment d'une mobilisation générale et arrachés à la vie civile, aux intérêts les plus chers, au foyer, aux affections et aux joies de la famille, croit-on qu'il suffira de l'obéissance et de la discipline militaire pour devenir vaillants et audacieux; pour supporter sans effort, sans plainte, toutes les fatigues et les misères d'une longue et pénible campagne de guerre; pour devenir les vainqueurs en un mot? Non, certes, si, avec l'amour ardent de la patrie et le sentiment de leur devoir, ils n'ont pas la *confiance,* ce levier nécessaire à toutes les armées, plus encore peut-être à l'armée française dont les soldats sont capables des plus grandes actions, s'ils ont *confiance.* Fussent-ils pénétrés jusqu'au plus profond de leur être qu'ils défendent le sol, leur famille et leurs biens, et leur langue et leurs mœurs, et les conquêtes de la grande Révolution, leur besogne de soldats sera moins ardente et leur cœur moins solide s'ils n'ont pas la confiance, « cette avant-garde ailée de la victoire ».

C'est donc ce sentiment qu'il faut inspirer, lorsque tout nous en fait une loi; non pas la confiance aveugle, irréfléchie, toujours satisfaite et qui ne cherche pas et ne voit jamais les défauts de la cuirasse, les imperfections de la grande machine militaire et dont la moindre conséquence est d'empêcher la recherche constante du mieux et du perfectionnement, quand elle ne conduit pas aux pires catastrophes ; mais la confiance tranquille et solide, basée sur le sentiment raisonné de sa force ; celle qui ressort des chiffres, des documents et des constatations matérielles ; celle qui découle de la conscience de la supériorité qu'on possède et qu'il est si facile de déterminer et d'établir indéniable par comparaison, lorsqu'il s'agit, par exemple, de l'histoire de deux races, de toute la vie de deux peuples ; lorsqu'il s'agit spécialement de la valeur et de la puissance des instruments de combat (organisation, effectifs, armement, etc., etc.) des adversaires en présence.

Comme il avait raison, Déroulède, lorsqu'il écrivait, il y a vingt-trois ans déjà, que « de toutes les ruines laissées par la guerre de 1870, il n'en est pas de plus navrante que l'écroulement de notre confiance... », et comme il avait encore raison, il y a un an, quand il s'écriait à Buzenval : « Dire que la nation est résolue à ne pas se défendre, même si on l'attaque, et donner à penser qu'il y a des Français qui aimeraient mieux faire la guerre civile que la guerre étrangère, c'est inviter les Prussiens à sonner le boute-selle, les provoquer au pillage, les convier à venir sabrer au visage un peuple sans cœur et sans épée.

» Affirmer, au contraire, que la France entend être respectée, la déclarer prête à maintenir ses droits si on les viole, à marcher au combat si on l'attaque ; à défendre pied à pied son territoire, sa fortune, sa liberté ; à répondre au canon par le canon, aux balles par les balles, au sabre par le sabre, c'est d'abord mettre un terme aux rodomontades germaniques ; c'est ensuite assurer la paix fière qui peut, seule, convenir à une nation libre ; ce serait enfin rendre la victoire possible, si quelque fantaisie impériale ou quelque fourberie teutonne rendait la guerre inévitable. »... Et, au cri de « A bas la guerre étrangère ! » poussé par les fauteurs de guerre civile, Déroulède répondait par ce cri de patriote exaspéré : « A bas l'influence étrangère ! à bas les menées anti-françaises ! à bas la paix à tout prix ! et vive, *à tout prix*, l'honneur de la Nation, l'indépendance de la République et l'intégrité de la Patrie !... »

× ×

Ce n'est pas que la valeur intrinsèque, individuelle, de l'homme de race française, du soldat français, soit le moins du monde contestée. Parmi les pessimistes dont nous parlions, vous n'en trouverez pas un qui n'accorde que notre soldat vaut autant, sinon plus, que le soldat allemand, même au point de vue physique.

Tout le monde sait que, fils nerveux et sanguins du sol gaulois, formés pour une grande part de « highlanders », les Français d'aujourd'hui ne redoutent pas plus que leurs pères ou leurs ancêtres les produits lymphatiques des plaines basses et marécageuses du Brandebourg et de la Poméranie. Agiles et gais buveurs de vin, ils ne craignent pas les lourds et taciturnes buveurs de bière. Ils n'ignorent pas que dans leur propre pays Bretons et montagnards du Centre donnent les plus petits, mais en même temps les plus rudes soldats de France, et qu'ils forment, comme le dit Elisée Reclus, « la réserve des hommes vigoureux du pays français » ; pourquoi craindraient-ils de se mesurer avec des adversaires de taille un peu plus élevée (*un centi-*

mètre! d'après la Société d'anthropologie de Londres) et de plus *forte* corpulence ?

Depuis quand la vigueur de la constitution, la force de résistance corporelle, la souplesse, l'agilité, l'adresse, la bravoure et le sang-froid dépendent-ils de quelques kilogrammes ?

La preuve n'en a-t-elle pas été fournie d'ailleurs dans mille et mille circonstances ?

Que ce soit en équitation, en escrime, courses pédestres et autres, aviron, luttes de force ou gréco-romaines, dans quels concours, matchs ou championnats, la supériorité de la race française sur la race allemande n'a-t-elle pas été le plus souvent établie ?

Et, d'ailleurs, qui donc ignore et pourra jamais oublier ce que représentaient *physiquement*, en Mandchourie, les minuscules soldats japonais en face des géants de l'armée russe !

Les Français, dont le prince Eugène disait : « Tâchez, mon cher comte, de battre les généraux français, car, pour les soldats de cette nation, n'espérez pas les vaincre ; » les Français, dont les ancêtres ont fait le passé le plus glorieux, et proclamé les Droits de l'homme, peuvent s'enorgueillir, eux, de leurs grandes victoires, car à Austerlitz, à Iéna, à Auerstaedt, comme à Eylau, à la Moskowa, à Solférino et ailleurs, ils ont battu l'ennemi, quoique *inférieurs en nombre ;* tandis qu'aux Prussiens, pour les grandes victoires dont ils parlent le plus haut, il a toujours fallu, pour vaincre leurs adversaires, que ce soit à Leipsig ou à Waterloo, que ce soit à Sadowa, à Saint-Privat ou à Sedan, une *grande supériorité numérique*......

Les armées françaises, de 1792 à 1815, ont remporté 501 victoires dont 94 en batailles rangées.

Elles ont battu les Autrichiens 233 fois, les Espagnols 112 fois, les Russes 54 fois, les Alliés 48 fois, les Prussiens 42 fois, les Anglais 32 fois.

En vain chercherait-on l'équivalent dans les annales militaires de la Prusse ; de cette Prusse, qui n'est puissance allemande ni au point de vue ethnographique, ni au point de vue géographique, et qui a créé non une grande Allemagne, mais un grand Etat prussien, qui s'est formé et a grandi de l'Allemagne en la dépouillant.

Danois et Polonais, Alsaciens-Lorrains et Hanovriens, Badois, Saxons, Bavarois, réunis, mais non unis sous le drapeau impérial des Hohenzollern ; séparatistes ou irréconciliables ; véritable mosaïque ethnographique, mélange hétérogène des races germaine et slave, voire scandinave et latine, sont courbés sous le joug abhorré du Prussien.

Impatients ou résignés, ces sujets de Guillaume malgré eux marchent aujourd'hui avec la Prusse comme ils marchaient naguère avec la France, avec l'Autriche ou avec l'Espagne, du temps de la prépondérance de ces nations.

Et c'est cette masse confuse qui nous serait moralement supérieure ? Supérieure à nos Lorrains et Bourguignons, Bretons et Normands, Auvergnats, Gascons, Provençaux et autres, unis depuis des siècles par une longue existence nationale faite du même passé, faite de besoins et d'intérêts identiques et qui tous, plus intimement soudés depuis cent vingt ans, vivent avec les mêmes aspirations, les mêmes conquêtes politiques et sociales, les mêmes courants de mœurs et d'idées, les mêmes joies, les mêmes triomphes, avec les mêmes espérances et la même haine au cœur ? Allons donc !

Citoyens de la Grande Nation qui a versé son sang

pour l'indépendance des Etats-Unis et de la Belgique, pour l'unité de l'Italie et tant d'autres nobles causes, et dont le drapeau s'est promené en vainqueur dans presque toutes les capitales de l'Europe et jusqu'aux confins de l'Univers, les Français sont restés les dignes fils de ceux dont parlait le prince Eugène et des héros de la Révolution et de l'Empire.

L'esprit militaire des sujets de Guillaume est fait de mécanisme superficiel, tandis que l'esprit militaire français est fait de sens national.

C'est l'unité de cœur et d'âme de la nation française qui fait la supériorité morale de son armée et la prépare le mieux à la discipline nouvelle des guerres de peuples.

En 1806, c'est une *armée-peuple* très mêlée qui fit évanouir la prestigieuse armée du duc de Brunswick. En 190... c'est une *armée-peuple* de soldats citoyens français qui déracinera peut-être, si on la provoque, le fameux chêne allemand ; car c'est la faiblesse de l'armée allemande, avec pas mal d'autres, qu'elle n'ait qu'un hiérarchisme exalté pour maintenir son unité faite de castes et de nationalités juxtaposées, sourdement rivales.

L'esprit militaire qui convient aux armées de nations de notre époque doit procéder d'une intime communion de tous les citoyens dans un égal ressentiment du grief, dans une égale compréhension du péril commun et des devoirs qu'il impose, dans une même possession de la Patrie et un égal dévouement pour elle.

Cette communion de la nation allemande n'existe pas et ne peut pas exister.

Aussi bien la valeur intrinsèque, physique et morale

de l'homme français, en regard de celle de l'homme allemand, n'est-elle pas sérieusement discutée, et tout le monde est à peu près d'accord sur ce point. Le facteur humain, l'élément primordial de toute entreprise guerrière vaut autant, sinon plus, en deçà qu'au delà du Rhin, qu'il s'agisse de l'homme ou qu'on envisage le soldat.

C'est encore en Alsace et surtout en Lorraine que l'armée allemande recrute ses meilleurs contingents (1).

Il était bon de le redire et de le prouver ; certaines vérités doivent être sans cesse répétées ne fût-ce que pour dégager et restreindre le terrain de la discussion.

× ×

« Eh oui ! sans doute, vous avez raison — répondra l'opinion publique déformée, pervertie, trompée ou ignorante de ce bon pays de France — mais les soldats allemands sont incomparablement plus nombreux que les soldats français !! et il ne saurait en être autrement puisque la population de l'empire germanique est de 60 millions d'habitants, alors que la nôtre n'atteint pas encore 40 millions, y compris la population française d'Algérie !!!

Et ainsi raisonnent de très bonne foi les meilleurs de nos concitoyens, ceux du moins convaincus de notre faiblesse, de notre chute irrémédiable ; et tel est leur argument suprême, celui qu'ils croient sans réplique.

---

(1) D'après la *Militär Zeitung*, le rendement d'une classe donne 82,9 p. 100 de conscrits complètement aptes ou ajournés, en Lorraine; 80,6 p. 100 en Alsace, provinces qui tiennent la tête pour tout l'empire allemand, alors qu'on tombe à 46,8 p. 100 en Silésie, et 44,2 p. 100 en Brandebourg et Berlin !

Voilà bien précisément la colossale erreur, la déplorable confusion qu'il importe de réfuter avant toute autre ; celle que lancent le plus souvent les agitateurs du spectre germanique, de l'épouvantail allemand ; le voilà bien, l'argument capital que nous servent volontiers les bons Français dont nous parlions tout à l'heure, mais que propagent à plaisir les semeurs de lâcheté et de trahison.

Eh bien, cela non plus n'est pas.

Il n'est pas vrai — malgré les apparences et les déductions simplistes d'un esprit superficiel — il n'est pas vrai que nous ayons moins de soldats que l'Allemagne (1).

C'est encore une légende à supprimer ; c'est une de ces vérités à rebours, mais à effet, qu'il faut rayer des clichés habituellement employés dans toute discussion qui a pour objet la situation respective des deux pays rivaux.

Et d'abord, où a-t-on vu que la puissance militaire d'un pays doive marcher de front avec sa *population* et non plus avec ses aspirations, sa situation dans le monde, ses capacités commerciales, financières, etc., etc... ?

Et depuis quand l'armée ou la marine d'une nation quelconque ont-elle été établies et organisées en rapport direct et absolu avec le nombre de ses habitants ?

Prétendre qu'il doit en être ainsi, c'est parler en illuminé ou en ignorant (2) ; et on ferait bien rire les

(1) Cela tient simplement à ce que, depuis vingt-cinq ans, la loi allemande a laissé sans aucune *instruction militaire* le tiers environ de ses recrues annuelles *aptes au service*.

(2) M. Gabriel Monod n'a-t-il pas dit : « Une nation de 38 millions ne peut avoir une armée égale à celle d'une nation de 60 millions d'habitants ! »

Anglais si on leur disait qu'ils doivent avoir la *marine* de leur population, ou même de l'étendue de leurs côtes ; et combien serait-on plus mal avisé encore et grotesque si on soutenait devant un Allemand que l'armée de son pays ne vaut pas l'armée russe et que les soldats y sont moins nombreux parce que la Russie a 135 millions d'habitants au lieu de 60 ; ou si on prétendait sérieusement que, pour la même raison, la Chine doit avoir une armée bien plus forte et nombreuse que celle du Mikado.

Pourquoi la France n'aurait-elle pas *toujours* une armée aussi puissante que celle de l'Allemagne, et, sans engager l'avenir, pourquoi actuellement ne l'aurait-elle pas aussi forte *numériquement* et aussi comme organisation ?

Prenons les faits, puisque rien n'est moins contestable qu'un fait.

L'Office statistique allemand donne pour 1906 à l'empire une population de 60.605.183 habitants (recensement du 1er décembre 1905), soit *10.380.000* hommes environ de 20 à 45 ans.

Quant à la population française, en cette même année 1906, et d'après les derniers résultats publiés récemment, elle oscille autour de 39.800.000 habitants, y compris les Français ou naturalisés d'Algérie et les hommes de l'armée ou de la marine non recensés en France et en Algérie ; soit 7.550.000 hommes environ de 20 à 45 ans, ce qui donne le rapport de 2.076 Allemands pour 1.510 Français, de 20 à 45 ans = 4/3, et n'est déjà plus le rapport de la population = 3/2.

Qui dit *hommes* ne dit pourtant pas *soldats*.

Or, voici ce qu'établissent les statistiques les moins

discutables basées sur les documents officiels les plus récents.

Pour le commencement de 1907, en hommes de 20 à 45 ans ou de 21 à 46 ans, *militairement instruits* susceptibles d'être appelés par un ordre de mobilisation, et en comprenant officiers et marine, l'Allemagne comptait : 4.760.500 hommes, plus ou moins exercés ; la France : 4.705.000.

En enlevant pertes de toutes espèces et 15 p. 100 de déchet de mobilisation, on arrive aux effectifs nets suivants des classes mobilisables (officiers et flotte non compris) :

France : 13 classes (armée active ; disponibilité ; réserve) : 2.358.500 hommes ;

Allemagne : 12 classes (armée active ; réserve ; landwehr, 1er ban) : 2.480.000 hommes ;

France : 12 classes (territoriale ; réserve de territoriale) : 1.495.500 hommes ;

Allemagne : 13 classes (landwehr, 2e ban ; landsturm) : 1.422.000 hommes.

Au total

France : 3.854.000 hommes.
Allemagne : 3.902.000 hommes.

Soit, dans les deux pays, près de 4 millions d'hommes instruits utilisables dans le cas d'une mobilisation générale pour les trois ou quatre premiers mois d'une guerre.

Nous avons donc, à très peu près, autant de soldats que l'Allemagne, et c'était le premier point à établir irréfutablement... C'est fait.

Le tableau suivant est aussi curieux qu'éloquent dans sa simplicité.

Rapport des populations allemande et française........	$\frac{12}{8}$
Rapport des populations mâles de 21 à 45 ans, allemande et française..............................	$\frac{12}{9}$
Rapport des effectifs en soldats instruits, par conséquent utilisables, *mobilisables de par les lois allemande et française*..............................	$\frac{12}{12}$

× ×

Pour faire la guerre il faut d'abord des soldats, et nous venons de voir où nous en sommes à cet égard ; mais il faut aussi de l'argent, il faut une marine.

Le lecteur nous dispensera de faire la preuve :

1° Que la situation financière de la France est encore bien plus solide et plus forte que celle de l'Allemagne, tant au point de vue du crédit et de l'encaisse métallique des banques d'émission qu'à tous autres (caisses de l'Etat, rendement des impôts... ;

2° Que, pour un certain nombre d'années encore — nous voudrions pouvoir dire pour toujours — la flotte française est très nettement supérieure à la flotte allemande dans son ensemble, et quoi qu'on en ait dit.

Que reste-t-il donc encore, et surtout peut-être dans l'esprit des détracteurs de notre puissance militaire et des oiseaux de mauvais augure pour que le doute y ait à ce point pénétré que les seuls bruits de guerre leur inspirent terreur et conviction de défaite ?

Serait-ce la crainte d'un armement insuffisant ou médiocre, en tout cas inférieur ? Mais, au sujet de la nouvelle balle du fusil allemand, de même qu'à propos du nouveau canon à tir rapide récemment adopté, des mitrailleuses et des obusiers de l'armée allemande, tout le monde est maintenant fixé depuis les études ou travaux publiés par les hommes les plus compétents de tous pays, et chacun sait que sur tous ces points nous possédons une réelle supériorité.

Nous y reviendrons d'ailleurs dans la suite.

Ce n'est donc pas là qu'il faut chercher les causes d'appréhension et de... peur.

Pas davantage dans la croyance que nos officiers et notre État-major même sont au-dessous de ceux de l'Allemagne. Il nous serait facile de reproduire ici maints jugements plutôt sévères, portés sur le commandement et le corps d'officiers allemands par des personnalités compétentes de différentes nations, entre autres un officier autrichien (1) et un officier anglais (2), dont les appréciations ont couru toute la presse militaire.

Les plus ignorants des Français sont édifiés sur ce point et nous avons, quelques pages plus haut, cité assez d'opinions d'hommes éminents pour qu'on sache à quoi s'en tenir.

Nous ne nous y arrêterons donc pas.

× ×

En France : finances, flotte, armement supérieurs ; officiers et soldats de quantité sensiblement égale, et de qualité probablement supérieure au point de vue technique, physique et moral.

---

(1) *Danzers Armee Zeitung.*
(2) *United service magasine* (Howrad Heusmann).

Tel est, jusqu'à présent, ce qui est déjà hors de discussion.

C'est donc sur autre chose que portent la méfiance et le doute, tout au moins dans l'esprit des patriotes de bonne foi ; et cette autre chose, la voici : on suspecte notre bon état de préparation à la guerre ; on le craint suranné, on le croit incomplet. On a peur que les dispositions les plus essentielles soient négligées, que les deux grandes opérations préalables de la mobilisation et de la concentration ne procèdent pas de saine et efficace conception stratégique, qu'elles soient trop lentes. On se demande encore si la dislocation des troupes en temps de paix est judicieuse et bien comprise, si notre *couverture* est suffisamment résistante. Enfin on a, par-dessus tout, la crainte que nos unités tactiques soient numériquement inférieures.

Les différents chapitres de cet ouvrage répondront complètement à ces légitimes préoccupations, et, en mettant les choses au point, diront ce qu'il faut raisonnablement penser, si l'on veut se tenir à égale distance des opinions outrées et extrêmes dans un sens comme dans l'autre.

× ×

Quand, dans la suite de cette étude, nous aurons mis à nu l'outil de guerre du kaiser Guillaume et, en regard, la tâche qu'il lui faudrait accomplir, c'est-à-dire l'écrasement d'une armée comme la nôtre, on sera vite convaincu de l'inanité et de la puérilité de ses rodomontades, et il apparaîtra que ses provocations sont plutôt fanfaronnes. Il apparaîtra en même temps, aux moins prévenus, qu'il n'est pas seulement vil et lâche, *quand on est fort*, de pousser trop loin l'humilité et la crainte, mais que cela peut devenir dangereux.

A être trop pusillanime on s'expose au mépris et au vasselage parce qu'on provoque les offenses réitérées et qu'on va plus vite et plus sûrement à l'abîme, c'est-à-dire à la guerre, à vouloir trop l'éviter.

L'épée que brandit Guillaume et qu'il ajoute à tout propos et hors de propos n'est qu'un épouvantail ; et un épouvantail parce que cette épée n'est pas tellement irrésistible et bien trempée qu'on ne puisse la briser entre ses mains, et qu'elle n'est pas, en tout cas, si franchement meilleure que celle de l'adversaire, qu'elle puisse sûrement escompter la victoire.

C'est du bluff, parce qu'il n'agirait pas ainsi avec des ministres français moins... prudents, et c'est du bluff surtout, parce qu'à moins d'être fou, Guillaume ne peut délibérément désirer la guerre. Outre les raisons purement militaires qui la lui défendent il en est, en effet, un certain nombre d'autres aussi péremptoires et peut-être plus impératives. Nous nous contenterons de les énumérer pour ne pas trop sortir de notre sujet.

1° *Certitude de famine pour une population de 60 millions d'habitants.* — Avec une guerre de longue durée, l'alliance franco-russe, l'entente cordiale : la ruine commerciale ; conséquemment : l'impossibilité de tirer subsistance de l'étranger, attendu que les céréales et les produits de son sol permettent à l'Allemagne de faire vivre toute une année 45 millions d'habitants seulement ou toute sa population actuelle deux cent soixante à deux cent soixante-dix jours.

2° *Banqueroute fatale.* — Les caisses de l'Etat, les réquisitions, le rendement des impôts, et les dons volontaires étant insuffisants, le crédit seul, c'est-à-dire l'emprunt, pourrait permettre à l'Empire de trouver l'argent nécessaire pour soutenir une guerre de quelque durée. Or, pour une guerre contre la France et ses alliés, tout emprunt sérieux serait voué à l'avortement.

Une étude très soignée, intitulée : *Die finanzielle mobilmachung der deutschen wehrkraft*, parue à Leipzig en 1905, établissait que, pour les 10.170.000 hommes que la loi militaire mettait à sa disposition, ainsi décomposés : 4.880.000 soldats instruits ; 1.640.000 de l'ersatz réserve ; 2.000.000 versés directement dans le landsturm du 1er ban ; 1.700.000 de 17 à 20 ans. L'Allemagne aurait à dépenser de 76 à 77 millions de francs par jour (7 fr. 50 par homme), près de deux milliards et demi par mois — ou encore 30 à 35 millions par jour et 1 milliard par mois, pour 4 millions d'hommes ; et que cela lui serait impossible longtemps (1).

3° Enfin, *révolution inéluctable* comme conséquence des deux premières raisons ci-dessus exposées, et aussi de l'extension du socialisme (malgré les résultats apparents des dernières élections) et des tendances séparatistes ; sans parler des autres causes et sujets de mécon-

(1) La même étude faisait remarquer qu'en 1870, comme dans la plupart des guerres, on comptait 1 officier pour 35 hommes et que sur cette base les 10.170.000 hommes utilisables exigeraient 293.000 officiers ; et 4 millions de soldats : *115.000* officiers ; que l'armée allemande n'en possédait que 68.500 environ (dont 35.000 de réserve et de landwehr), d'où un déficit de près de *50.000*.

Nouvelle raison pour faire réfléchir le kaiser et le parti de la guerre... d'autant que la France compte 17.000 à 18.000 officiers de plus dans les cadres de ses armées de seconde ligne et éprouverait moins de difficultés pour recruter le déficit qui lui manque.

(Les officiers de l'armée active sont de nombre sensiblement égal dans les deux pays.)

tentements : impôts nouveaux sur la bière, le tabac, renchérissement de la viande, etc., etc. (choses bien graves pour des Allemands).

En voilà plus qu'il n'en faut pour retenir Guillaume dans le chemin de la paix, actuellement du moins, puisqu'il peut espérer que le temps travaillera pour lui et pour la prépondérance de son peuple ; puisqu'il peut croire aussi que les circonstances de politique internationale seront à l'avenir beaucoup plus favorables peut-être.

L'heure n'est donc pas propice pour lui.

La serait-elle pour nous ?

Et, si d'ici un an ou deux nous n'avons pas la guerre avec l'Allemagne, devrions-nous, comme certain général français, nous écrier douloureusement : « *Tant pis* » ???

× ×

Avant d'entrer dans le vif du sujet nous demandons au lecteur la permission d'ouvrir une parenthèse.

Quoique cette étude soit le fruit de quelque labeur et de nombreuses recherches, nous ne demandons pas qu'on nous en sache gré.

Passionné des choses militaires, que nous avons maintes fois traitées dans des publications diverses ; ayant eu l'honneur de servir la France pendant dix années, nous sommes trop heureux de la servir encore si peu que ce soit, en prêchant une fois de plus la confiance en ses enfants et, par suite, en ses destinées ; et en combattant de toutes nos forces la politique néfaste d'effacement et d'humilité outrée que nos gouvernants n'ont que trop suivie jusqu'à ces dernières années, alors que cela ne sert de rien, *au contraire*, et que non seulement notre droit, mais encore notre force nous fait bien plutôt une loi d'être fiers, et nous commande impérieusement, et à tous points de vue, une attitude calme, digne, indépendante ; une attitude résolument prête surtout à profiter de toutes — absolument toutes — les occasions de satisfaire à la fois le ressentiment et les devoirs que nous ont imposés la défaite imméritée de la patrie, son humiliante et effroyable mutilation.

On voudra bien aussi — et nous nous en excusons une fois pour toutes — nous pardonner l'aridité de certains passages et les citations délibérément nombreuses (pour mieux étayer nos propositions) qui encombrent certains chapitres.

Nous ne poursuivons pas une œuvre littéraire et désirons seulement, par une suite de déductions logiques et irréfutables, appuyées sur des faits précis et des documents authentiques, asseoir une conviction assez forte pour être inébranlable, et la faire pénétrer dans l'esprit de ceux qui nous lisent, trop heureux si nous y parvenons.

On voudra bien enfin ne pas trop récuser notre compétence, précisément pour les raisons que nous venons de donner : celles personnelles et celles qui touchent aux *compétences indiscutées* dont nous invoquons le témoignage, et pour d'autres motifs encore, aujourd'hui que la politique, les finances et toutes les sciences se mêlent intimement aux choses de l'armée.

Les ressources en hommes, l'armement, les moyens de concentration, c'est-à-dire les lois de recrutement, le budget et les chemins de fer ne relèvent-ils pas, en effet, du Parlement et n'échappent-ils pas complètement aux autorités militaires ?

Les causes et les plans de guerre mêmes, sinon les

projets d'opérations ne sont-ils pas déterminés par la politique extérieure ?

La *bataille*, enfin, n'est-elle pas un moyen d'atteindre un but indiqué par la politique ?

Seule la forme de la guerre doit rester l'apanage de l'armée.

Pour parler des choses militaires, il n'est pas plus indispensable d'être officier de troupes qu'il n'est besoin d'être médecin praticien pour traiter des causes, de la thérapeutique et de la guérison des maladies ; et certains hommes de laboratoire et de cabinet : physiologistes, électriciens, bactériologistes, chimistes et autres, ont souvent plus fait pour l'origine, le traitement et la cure de certaines affections morbides que les plus éminents praticiens.

De nos jours, où la science de la guerre embrasse à la fois la connaissance des choses maritimes et terrestres, où il faut, pour en discuter, savoir les différentes ressources d'un pays, l'état de sa population, de son territoire, de ses productions ; le rendement de ses chemins de fer, tout autant que la situation de ses finances, de son armement, etc., etc. ; en quoi un chef d'escadron ou de compagnie serait-il plus apte à posséder cette science que n'importe quel citoyen, du moment qu'il ne s'agit pas des règlements du service intérieur ou de la caserne, des manœuvres techniques ou de la tactique professionnelle ?

Courageusement donc, mais sans autre prétention que la recherche du vrai, nous nous sommes mis à la tâche.

CHAPITRE II

A LA PROCHAINE GUERRE FRANCO-ALLEMANDE, LA PÉRIODE DES PREMIÈRES GRANDES RENCONTRES SERA DÉCISIVE

Dans sa brochure si remarquable et qui eut un si grand retentissement, l'auteur militaire allemand de *Videant Consules* écrivait, il y a quelques années :

« Notre thèse que cette première et grande lutte *décisive* devra avoir lieu sur notre frontière occidentale paraîtra, tout le monde en conviendra, non seulement juste et exacte, mais elle s'imposera absolument... Si l'Allemagne triomphe de l'armée principale des Français, elle sera presque immédiatement à même de faire tout ce qu'elle voudra... et il sera impossible à la Russie de résister... Si, au contraire, les Français emportent la victoire, il leur sera facile de nous envahir et de se débarrasser des Italiens... D'ailleurs, les plus brillantes victoires remportées dans l'Est contre la Russie ne sauraient compenser une défaite essuyée par l'armée principale des Allemands...

» Au point de vue politique tout autant qu'à celui des armes, la victoire des Français serait décisive...

....

» La thèse suivante nous paraît donc absolument démontrée — les batailles livrées sur le théâtre de la guerre franco-allemande décideront de l'issue de la guerre... C'est sur la frontière franco-allemande qu'aura lieu la lutte *décisive.* »

Et il concluait :

« Il faut tout mettre en œuvre pour qu'elle nous soit favorable. »

Quant à Bismarck, dans son entrevue avec le docteur Hans Blum rapportée par les *Dernières Nouvelles de Leipzig*, il tenait le langage suivant :

« Le vainqueur de la prochaine guerre sera celui qui gagnera les deux ou trois premières batailles. La chose essentielle est donc d'avoir un bon commandement, une tactique supérieure à celle de l'ennemi et des troupes de qualité. »

Par son organe, les *Hamburger Nachritchen*, il s'exprimait encore ainsi :

« Dans les campagnes de 1859, de 1866 et de 1870, les *premières victoires furent décisives ;* dans la prochaine guerre, *il en sera de même*. Il importe donc que l'armée soit bonne plutôt que trop nombreuse. »

L'article concluait que « si l'on envisage les terribles conséquences qu'auraient une défaite dès le début de la campagne et l'invasion de l'empire par les troupes victorieuses, on sera convaincu qu'*avant tout* il ne faut rien négliger *pour que les troupes soient victorieuses dans les premières grandes batailles* ».

Le 27 novembre 1892, le chancelier de l'empire prononçait ces paroles significatives :

« Au commencement d'une guerre, c'est la qualité des troupes qui sera la question *décisive* dans les opérations de l'armée. Plus tard seulement, la quantité interviendra comme un facteur à considérer. »

« Le Français — écrivait le général prussien XXX dans la *Neue Augsburger* — le Français est vif, alerte, mais impressionnable à l'excès. Cette impressionnabilité est pour l'Allemagne un danger et une sauvegarde, suivant la façon dont on l'utilise. Chez ce peuple bouillant, un rien jette la panique comme une étincelle souffle l'enthousiasme.

» Dans une campagne, la France est *perdue* si elle commence par un échec, mais *sauvée* si elle débute par un succès ou un heureux coup de main. Si à ce moment les chefs savent se servir de la *furia*, et de l'exubérance de leurs soldats, l'ennemi est culbuté, écrasé. »

Un autre auteur allemand écrivait récemment :

« Les forces réunies en vue de frapper les premiers coups sont si importantes, elles constituent partout une portion si considérable de la force militaire tout entière de la nation, que si elles sont anéanties ou gravement ébranlées, le vainqueur en retirera un avantage qui, sans nul doute, lui restera au cours de la guerre tout entière ; en effet, il est hors de doute que des troupes nouvellement formées ne sauraient jamais opposer une résistance sérieuse à un armée victorieuse formée de troupes actives. »

Conclusion : Il faut, à tout prix, au début d'une guerre contre la France, lui infliger un échec.

Enfin, pour bien montrer que cette appréciation est bien encore en Allemagne *article de foi*, nous reproduirons les paroles du colonel von Bernhardi, porte-voix du grand état-major actuel :

« La guerre future sera une guerre d'offensive foudroyante... et sera conduite de façon à arriver à une *victoire décisive* par l'armée active seule, qui fournira les troupes de choc. »

Cette manière de voir persistante, indiscutée en Allemagne ; cette croyance absolue que la période du début sera *décisive* ont, depuis longtemps, frappé tous les esprits observateurs, spécialistes dans ces questions, et déjà en 1893 le capitaine Gilbert, un de nos écrivains militaires les plus pénétrants, mort depuis, a pu écrire cette page éloquente qui est à reproduire en entier; page où il mettait à nu la pensée allemande dans l'espoir que notre état-major en ferait son profit, ce qui, heureusement, n'est plus à mettre en doute aujourd'hui, ainsi que le prouvent les déclarations répétées de plusieurs de nos ministres ou chefs d'armée.

« Tandis que, leurrés par la loi allemande de 1888, engagés dans une fausse voie par nos lois néfastes du 15 juillet 1889, du 21 juin 1890 et du 19 juillet 1892, nous poursuivons le mirage des effectifs monstres, la masse et ses propriétés statiques, nos rivaux ont résolument donné le coup de barre à gauche et préparent en silence une armée de première ligne, admirablement trempée, une armée de jeunes hommes fortement encadrés, où se développent toutes les facultés dynamiques et offensives.

» Tandis qu'en France nous rêvons d'amalgamer tous les bans de nos forces nationales, d'aligner au même choc les formations éventuelles et les formations permanentes; tandis que nous appauvrissons celles-ci au bénéfice illusoire des premières, préférant accoupler deux unités médiocres, à faire agir successivement et à propos deux unités appropriées à leur objet, les Allemands sont revenus à une saine conception de la guerre, à une division logique du travail; ils discernent les deux phases des opérations décisives et de l'invasion, et préparent à chacune son instrument propre; ils accentuent ainsi la séparation, méconnue par nous, des troupes de première et de seconde ligne, mais avant tout et surtout *ils trempent fortement cette armée de première ligne que nous énervons.*

» Cette erreur d'appréciation provient en partie de l'impression persistante que nous ont laissée les souvenirs de 1870. Nous avons succombé alors sous la masse des réserves allemandes et, depuis ce temps, la préoccupation des réserves nous a exclusivement hantés.

» L'armée que nous concevons est une armée de réserves et son noyau permanent une école bien plutôt que la solide armature d'un instrument de guerre. Nous nous sommes fait, pour toutes ces questions, une optique spéciale à laquelle contribuent sans doute de cruels souvenirs, mais, il faut bien le dire aussi, de *secrètes et moins avouables inclinations*.

» Dangereuses illusions qui peuvent nous ménager un terrible réveil, en nous mettant inopinément aux prises avec un ennemi dont notre aveuglement nous aura dissimulé tout à la fois les conceptions organiques, radicalement opposées aux nôtres, et le plan corrélatif d'opérations.

» Ces illusions, nos voisins excellent d'ailleurs à les entretenir.

» Ils nous poussent sur la pente, alors qu'ils s'y sont arrêtés à temps, ou même qu'ils font machine en arrière. Ils nous leurrent de cette fantasmagorie de millions d'hommes portés au même choc, d'un même élan irréalisable, tandis qu'en silence ils fortifient leur armée de première ligne et préparent le coup de théâtre qu'ils espèrent décisif. »

Ainsi s'exprimait le capitaine Gilbert, et cette claire vision de l'objectif allemand, qui était en même temps un énergique et juste réquisitoire de nos errements d'alors, indique assez son opinion sur la portée décisive des premiers combats.

× ×

En France, c'est l'opinion générale — on pourrait dire unanime — des écrivains militaires et des hommes de guerre, qui prévoit comme le capitaine Gilbert et qui apprécie dans le même sens et avec le même jugement.

« La victoire de l'Allemagne, — lisait-on il y a quelques années dans un long article sensationnel signé d'un nom très connu — dépend *exclusivement* des coups rapides et décisifs qu'elle pourra porter pendant la première période de la guerre... La base du problème stratégique de l'Allemagne et de ses alliés repose sur une guerre offensive et rapide. »

Le général Schneegans pensait de même.

« Tout dépendra de la première bataille », disait de son côté le général Derrécagaix.

Et le général de Miribel :

« Le parti vaincu dans une grande bataille ne pourra plus se relever. . Les fautes commises sur un champ de bataille sont aujourd'hui de celles qu'on ne répare pas. »

Dans une étude magistrale de la *Prochaine Guerre* et de la première bataille, le général Bonnal terminait ainsi, il y a quelques mois à peine, son dernier article :

« La grande armée qui aura arraché à sa rivale la victoire, celle-là pourra se permettre toutes les audaces, car tout lui sera facile.

» L'autre, au contraire, sera mise dans un tel état d'infériorité morale que toute action vigoureuse lui échappera et que la grandeur même de ses effectifs deviendra pour elle une cause de faiblesse et de ruine.

» Que la nation vaincue dans la première grande bataille veuille continuer la guerre ou implore la paix, le résultat sera le même. Seulement les conditions du vainqueur seront d'autant plus onéreuses et cruelles que la résistance aura duré plus longtemps...

....

» En se plaçant au point de vue des réalités, on doit bien se dire que *de la première grande bataille dépendent les succès ou les revers de toute la campagne et qu'il semble impossible, à notre époque, de reconquérir la victoire, une fois qu'elle est passée dans le camp ennemi.*

» *Ainsi, le sort de la guerre sera décidé moins d'un mois après l'ouverture des hostilités, et... sera intimement lié au résultat de la première bataille.*

» Si nous sommes vainqueurs, la poursuite de l'ennemi devra être faite jusqu'à Berlin, et rapidement.

» Dans le cas contraire, la lutte pourra continuer un temps plus ou moins long ; elle n'aboutira pas moins à une paix désastreuse... »

Quelques jours après cet article, dans le même journal, un écrivain distingué et bien connu, commentait en ces termes la conclusion du général Bonnal :

« Une armée moderne mise en mouvement n'est pas exclusivement appréciable à la mesure numérique de ses effectifs et à la capacité technique de son armement.

» Elle n'est, pour ainsi dire, qu'un projectile ; selon qu'il est lancé par tel ou tel fusil, tel ou tel canon, sa portée et sa pénétration changent étonnamment.

» Le dressage et la manœuvre vont modifier déjà les proportions et les équivalences : c'est l'affaire du commandement. L'unité, la décision et la cohésion qui communiquent de la tête aux extrémités de l'armée son impulsion sont des facteurs d'un autre ordre, peut-être les plus actifs, les plus irrésistibles.

» Il faut se représenter les facilités péniblement et minutieusement coordonnées par la pensée impériale allemande pour en calculer le rendement exact : sans un seul jour de repos, sans à-coup, sans contradiction, l'armée allemande a été poussée, depuis 1870, à la perfection de tous ses organismes. L'idéal dont ses chefs se rapprochent chaque jour davantage fut toujours de la réunir et de la jeter au delà des frontières avec une rapidité de plus en plus extraordinaire, grâce à une mise en train foudroyante. L'état-major, bien d'accord avec le cerveau directeur de la politique, s'est fait une conception de la guerre qui dépasse toutes les hypothèses d'autrefois.

» Elle repose sur le nombre, mais rassemblé dans le délai le plus réduit, transporté avec le maximum de vitesse par des voies de circulation de plus en plus multipliées.

» Pour ne pas alourdir cette armée de choc, il est admis que les réservistes n'en font pas partie, parce que les combats sanglants doivent être affrontés par les célibataires seuls, plus jeunes, plus souples, et dont la perte causera le moins possible de deuils dans la nation.

» Avec ce formidable bélier, le génie militaire allemand s'est pénétré de cette conviction que les luttes gigantesques de notre siècle doivent être courtes ; elles suspendent trop complètement la vie normale pour durer.

» Il s'ensuit que l'endurance et la ténacité des masses employées subitement loin du foyer, de l'atelier, du laboratoire, du cabinet, pour être jetées d'un seul coup dans une expérience rude et périlleuse, seront *faibles. Le premier des deux rivaux qui aura porté au second une blessure grave et dominé son imagination sera son maître.*

» *Les millions d'hommes accumulés derrière ceux*

qui seront engagés au début perdront pied, seront inévitablement disloqués, hors d'état de réagir, ruinés, vaincus.

« *Toute la question est donc d'abattre de suite les têtes de colonne ; le reste ne sera bientôt qu'un troupeau.* »

« Il est préférable de perdre 100.000 hommes dans une bataille rangée — disait le général Skobeleff, avant la bataille de Géok-Tépé — que d'en perdre dix fois 25.000 dans dix combats indécis. »

« *C'est une règle immuable de la tactique, qu'il ne faut rien épargner pour que la première rencontre soit une victoire* », écrivait un peu avant sa mort le général Dragomiroff, et l'on sait ce qu'il pensait de la *défensive* et de la façon déplorable dont l'inerte Kouropatkine a conduit les opérations en Mandchourie.

Quant à ce dernier, il a reconnu que la cause fondamentale du désastre russe réside dans la surprise infligée par l'*attaque brusquée* des Japonais. Devancés et déconcertés par leurs adversaires, les Russes furent voués de ce fait à une infériorité initiale à laquelle *rien* ne put remédier ultérieurement pendant le cours de la campagne.

Nous pourrions multiplier les citations et reproduire sur ce sujet quantité d'opinions émanant d'hommes politiques, de généraux de toutes nationalités aussi bien celle, anglaise, du *Broad Arrow*, que celle, italienne, du général Marselli dans la *Nuova Antologia*, ou de l'officier suisse des *Basler Nachriten*, et du général Leczynski ; tant d'autres, enfin, tirées du *Militär Wochenblatt*, du *der Neue Kars*, et des interviews nombreuses des meilleurs généraux japonais eux-mêmes.

C'est bien inutile. Toutes ces opinions sont concordantes, et, qu'il s'agisse d'une guerre quelconque, ou qu'il soit question plus spécialement d'un conflit franco-allemand, elles sont conformes et l'appréciation est unanime.

Ce sont les succès du début qui décideront de la victoire finale.

× ×

L'histoire enfin ne nous l'enseigne-t-elle pas ; et les neuf dixièmes des guerres heureuses — y compris la dernière en date : la guerre russo-japonaise — n'ont-elles pas débuté par de grands succès? (Nous parlons des guerres de nation à nation, et non des coalitions, des conquêtes de territoires lointains ou des expéditions coloniales).

Et cependant les guerres d'autrefois étaient moins scientifiques, plus longues, plus propres au dressage des troupes, dont la puissance animale, si l'on peut s'exprimer ainsi, jouait le plus grand rôle et permettait plutôt de ressaisir la victoire.

Avec la défaite, en effet, il faut envisager les conséquences matérielles et se rappeler la maxime de Napoléon : « Dans une retraite, outre l'honneur des armes, on perd souvent plus de monde que dans deux batailles » ; mais il faut surtout tenir compte de l'effet moral, du retentissement désastreux, produits sur un pays envahi ; de l'impression déprimante ressentie par les troupes vaincues, et, au contraire, de l'enthousiasme des soldats vainqueurs dont l'entrain est décuplé et l'emballement sans bornes si la victoire a été éclatante et chèrement achetée.

Pour se faire une idée encore plus nette de l'état moral présumé des deux adversaires de la prochaine guerre franco-allemande il ne faut pas perdre de vue la situation d'esprit, nous devrions dire avec plus d'exactitude la *tension d'esprit*, dans laquelle et sous l'influence de laquelle vivent les nations française et allemande depuis la fameuse guerre de 1870 ; il faut aussi se rappeler les conditions de haine et d'acharnement sans pareils dans lesquelles les deux races se firent la guerre à la fin du premier Empire.

Avec de semblables dispositions ; avec des souvenirs historiques comme ceux de 1792, 1806, 1813, 1814, 1815, 1870, et avec la connaissance du tempérament propre à l'armée française victorieuse, on peut inférer, sans être grand clerc, que *rien ne nous arrêtera* si nous obtenons les premiers grands succès.

Pour les mêmes raisons, tout porte à croire, inversement, que *nous serons finalement écrasés*, quelle que soit la résistance, si nous subissons au début une ou plusieurs défaites.

Ne serions-nous pas... lâchés, alors que, au contraire, les anciens ou nouveaux alliés de nos vainqueurs deviendraient ouvertement et effectivement hostiles ?

Ne serions-nous pas hantés et démoralisés par le souvenir de 1870-1871, et des autres invasions, sans la perspective rassurante, jusqu'à un certain point, de retrouver encore d'autres Faidherbe et un second Chanzy ?

Tout dépendra donc du premier choc puisque, sans revenir sur les considérations déjà exposées, c'est lui, en fin de compte, qui règlera l'entrée en scène ou l'effacement calculé et voulu, sinon l'abstention complète, de certains alliés et neutres ; puisque c'est lui qui déchaînera ou arrêtera court la tempête révolutionnaire qui couve en deçà comme au delà des Vosges, et le soulèvement latent de certaines contrées violemment annexées et frémissantes sous le joug comme l'Alsace-Lorraine, le Sleswig et la Pologne.

Oui, cent fois oui, à la prochaine guerre franco-allemande, *la période des premières grandes rencontres sera décisive.*

Qu'on le déplore ou qu'on s'en réjouisse, qu'on le redoute ou qu'on l'espère, cela est, ou plutôt, *cela sera.*

D'abord, la *guerre*, la *guerre inévitable*, si l'on ne veut de la servitude sans combat ; mais, avec la *guerre*, NÉCESSITÉ DE VAINCRE, ET DE VAINCRE DÈS LE DÉBUT DES HOSTILITÉS.

Nous verrons plus loin quels devoirs sacrés, impérieux, inéluctables impose au gouvernement de la France cette implacable nécessité, sous peine de trahison envers la Patrie, la République, et ce qui constitue l'essence même de la nationalité française, c'est-à-dire la race, la langue, les conquêtes morales politiques et sociales de la grande Révolution.

CHAPITRE III

L'OFFENSIVE STRATÉGIQUE EST LA CONDITION PRIMORDIALE, SINON ESSENTIELLE, DES SUCCÈS DU DÉBUT, ET, CONSÉQUEMMENT, DE LA VICTOIRE FINALE.

D'après les lois imprescriptibles de la nature, rester inoffensif constitue le pire défaut pour tout ce qui vit et respire.

Qui n'est pas capable d'attaquer ne saura jamais se bien défendre et périra.

Il en est des peuples comme des individus : celui qui ne serait apte qu'à la défensive et ne préparerait qu'elle se mettrait par là même en état d'infériorité manifeste sur un ennemi se préparant à l'attaquer. « A la guerre comme dans la vie, la volonté est la cause principale du succès », a dit le général Dragomiroff.

Cette vérité fondamentale est si bien reconnue pour qui veut faire acte de violence et de force que, *d'instinct*, en quelque sorte, celui des deux adversaires qui se croit le plus fort ou le premier prêt se précipite tête baissée sur l'autre.

Cela est si vrai, expérimentalement, que, dans une période de cent soixante et onze ans (1700-1870), on compte 110 cas où les hostilités ont commencé sans ou avant toute déclaration de guerre, contre 10 cas seulement où une déclaration de guerre officielle a loyalement précédé les hostilités ; 41 fois, les nations les plus civilisées n'ont pas hésité à violer les principes les plus élémentaires du droit international pour s'assurer les avantages d'une attaque subite. (Invasion de la Silésie en 1740 et en 1760, par Frédéric II ; — Austro-Napolitains contre les Français en 1798 ; — Angleterre et Russie contre Turquie en 1806 ; — Bombardement de Copenhague par les Anglais en 1807 ; — Russes contre Turcs en 1828 ; — Prussiens contre duchés en 1848 ; — Prusse contre Saxe-Hesse en 1866, etc., etc. ; — sans compter l'agression inattendue du Japon contre la Russie...)

Dans son article à sensation du mois de juin dernier, la *National Review* débutait en ces termes :

« Il résulte de nombreux symptômes qu'une lutte gigantesque entre l'Angleterre et l'Allemagne ne peut être évitée.

» D'un autre côté, les Français ont été clairement avertis par des représentants autorisés de l'opinion publique en Allemagne que, ne pouvant frapper directement la Grande-Bretagne, la guerre avec cette puissance commencera en territoire français ; que la France sera considérée comme un otage et que l'on exigera le paiement, à Paris, d'une énorme indemnité de guerre en compensation des pertes subies du fait de l'Angleterre... »

Et le journal anglais continuait :

« A la suite d'une période de tension politique assez courte, les *hostilités commenceront sans déclaration de guerre préalable*... »

En agissant ainsi, Guillaume ne fera qu'imiter Napoléon, lorsque, après Trafalgar, celui-ci ne vit plus d'autre moyen pour frapper l'Angleterre que de marcher contre ses alliés en commençant par l'Autriche.

Tous ceux qui savent l'histoire des douze grandes guerres faites depuis cent ans, et dont deux seulement

(1809, 1870) ont été précédées d'une déclaration, ne doutent pas qu'au prochain conflit franco-allemand les hostilités débuteront comme un coup de foudre, sans déclaration.

× ×

L'*offensive* étant considérée comme la méthode de guerre par excellence (1), surprendre l'adversaire, le sidérer sans lui donner le temps de se reconnaître, n'est-ce pas, en effet, le moyen le plus sûr, sinon le plus loyal, de lui imposer la stricte défensive, tout au moins au début?

Nous devons donc nous attendre à être attaqués à l'improviste et sans déclaration de guerre.

Et c'est une raison de plus pour nous pénétrer nous-mêmes de l'esprit d'offensive.

Constatons avec joie que nos généraux et nos écrivains militaires les plus réputés sont, en immense majorité, partisans de l'offensive non seulement tactique, mais stratégique.

Et d'ailleurs notre règlement d'infanterie préconise l'offensive et laisse le champ libre à l'initiative pour arriver au but avant tout.

« Dans les circonstances actuelles de la guerre, c'est-à-dire avec les effectifs mis en jeu et les exigences de leur réunion, la *défensive* doit être abandonnée ra-

---

(1) N'est-ce pas M. Haldane lui-même, le ministre pacifiste (?) anglais qui, au banquet du lord-maire, est allé jusqu'à dire, le 9 novembre dernier : « Il faut maintenir la marine et l'armée dans leur pleine force de combat, pour qu'elles puissent *attaquer* rigoureusement et promptement, pour le cas où *l'attaque constituerait le seul moyen de défense!* »

dicalement », pouvait-on lire dernièrement dans le plus important de nos journaux militaires, et cet organe ajoutait :

« Les arguments tirés de la puissance de l'armement moderne ne sont même pas à envisager, car la puissance des armes est tout autant à l'avantage de l'attaque qu'à celui de la défense. Faut-il aussi rappeler qu'à chaque perfectionnement de l'armement il s'est trouvé des théoriciens pour prôner la défensive et que chaque *fois* des *faits* probants sont venus leur infliger un sanglant démenti?

» En regard de l'impuissance à laquelle se voue de gaieté de cœur celui qui se cantonne dans l'attitude défensive, quel n'est pas, au contraire, l'avantage de l'assaillant qui, lui, prend l'initiative des mouvements, d'une *idée* à laquelle il contraindra son adversaire à se plier ; qui, en un mot, peut, à son gré, régler et diriger la bataille?

» Notre conclusion n'est pas douteuse : organiser en temps de paix les ressources en hommes et en matériel avec l'idée de les employer exclusivement à défendre la frontière au cas où elle serait violée, *est se préparer un désastre. Seule une bataille offensive* peut nous donner l'avantage ; par conséquent, c'est en vue de la bataille *offensive* qu'il faut organiser toutes nos ressources. La défensive est une attitude à laquelle on peut être *réduit ;* ce n'est pas une forme de combat qu'un *groupe d'armées* peut accepter de propos délibéré. »

« La meilleure garantie de l'indépendance d'un pays — a écrit le général Pierron, un des maîtres de la tactique moderne, — repose sur le chiffre, non de sa population, non de ses places fortes, *mais de ses com-*

battants dressés en vue de la guerre de campagne. Un pays qui met son salut dans un grand nombre de places fortes, se condamne à la défensive, tue l'esprit d'initiative et d'audace, l'élan *offensif ; or, on ne périt que par la défensive*, parce qu'un ennemi actif finit toujours par trouver le défaut de la cuirasse d'un adversaire inerte. »

« L'armée *défensive* — a écrit le général français Kessler dans son livre admirable sur la *Patrie menacée* — est une formule inconnue dans le langage militaire. Il n'y a pas deux espèces d'armée, une pour la guerre *offensive*, l'autre pour la guerre *défensive*... Une nation qui voudrait soutenir une guerre *défensive* avec des troupes incapables de manœuvrer *offensivement* serait, d'avance, vouée à la défaite. »

Malgré les tendances manifestées et hautement exprimées par certaine presse et certains partis politiques français, disons bien vite que, depuis longtemps déjà, notre état-major n'a pas, dans ses projets, que des plans de guerre défensive.

A la cérémonie anniversaire de la bataille de Mars-la-Tour, le général Langlois, dans son discours aussi émouvant et patriotique que réconfortant, a pu dire justement que « notre généralissime est imbu jusqu'à la moelle de l'*esprit offensif* et de la volonté de vaincre », et, en parlant de l'armée nouvelle, « qu'elle eut à subir de redoutables épreuves... ce fut d'abord une erreur de doctrine ; le retour à la défensive comme en 1870, erreur provenant d'une fausse interprétation de la guerre du Transvaal ; le bon sens d'abord, puis les faits eux-mêmes de la campagne russo-japonaise en eurent raison. »

M. Pierre Baudin, l'ancien ministre, écrivait dernièrement dans son livre *L'Alerte :*

« Nos états-majors sont pénétrés de la conception nouvelle de la guerre et ont repris les traditions de la Révolution et de l'Empire... Un peuple qui ne compte que sur la résistance passive pour se sauver est perdu. La victoire est la récompense de celui qui agit. Et nous, maintenant, nous sommes assez forts pour passer à l'action. »

« La victoire est à celui qui attaque », concluait dernièrement le lieutenant-colonel de Maudhuy, professeur à l'Ecole de guerre ; et, avec lui, le lieutenant-colonel breveté Vaimbois, dans une conférence remarquable au cercle militaire de Lyon.

Toutes paroles significatives et qui ne permettent plus de doute sur l'esprit qui anime présentement ceux qui sont chargés d'orienter et de diriger nos destinées militaires.

Pas n'est besoin de traduire ici la pensée intime et les aspirations qui se sont fait jour, semble-t-il, dans les écrits, les intentions et même les actes (suppression d'un certain nombre de 4es bataillons) de notre Ministre de la guerre actuel. Pas davantage de commenter l'instruction du 24 octobre 1906, ou notre règlement de manœuvres dont l'article 252 contient cette phrase : « L'offensive surexcite la force morale et s'adapte parfaitement au caractère français. »

Bornons-nous à les signaler.

L'*offensive* n'est-elle pas, d'ailleurs, la méthode qui convient le mieux, en effet, au tempérament français et qui continue le mieux ses traditions guerrières, et n'est-elle pas la meilleure, celle que recommandent tous les écrivains militaires, celle de tous les grands capitaines, celle prônée dans toutes les armées du monde quand il est possible de l'employer dans des conditions voulues et déterminées?

Le meilleur moyen de prévenir une charge de cavalerie est de charger soi-même, enseigne la tactique de cette arme.

Le meilleur moyen de prévenir l'offensive ennemie n'est-il donc pas de la prendre d'abord?

Ne doit-elle pas être par excellence la première opération de la guerre moderne, et la plus désirable, celle qui consiste, par une irruption soudaine et dans l'attaque la plus rapide et la plus irrésistible possible, à se précipiter à l'improviste sur le pays ennemi pour envahir son territoire, s'emparer de ses centres de concentration, détruire ses voies ferrées, briser ses premiers rassemblements, etc., et produire par là même un effet moral déprimant, désastreux pour l'adversaire tout en exaltant, au contraire, les troupes d'agression?

× ×

Est-il besoin de dire qu'en Allemagne l'*offensive* est le procédé de choix, le seul admis, on pourrait presque dire : le seul *préparé*.

D'abord : le premier choc avec l'outil de combat qu'est l'armée allemande du pied de paix, l'armée d'attaque, en quelque sorte prête en tout temps, à toute heure, pour donner le COUP DE MASSUE et briser toute résistance ; puis, plus tard, les armées de deuxième ligne et le reste des forces de la nation, pour la prise de possession du sol conquis, et la pénétration jusqu'au cœur du pays envahi.

Telle est la doctrine indiscutée.

Pour les Allemands, c'est dans l'*offensive* seule qu'il faut chercher le succès ; « vaincre, c'est attaquer ».

Dans un cours de tactique quasi-officielle, Balk constate qu'à chaque perfectionnement de l'armement il se trouve des timorés qui préconisent la défensive ; mais que les événements de guerre qui suivent démontrent la fausseté de leurs théories.

L'Allemagne n'est plus qu'une grande Prusse ; or, la race prussienne, cette race hybride intermédiaire entre les Allemands et les Slaves, a grandi et vécu par et pour la conquête. On a dit que la guerre était son industrie nationale. Rien n'est plus vrai. Lorsqu'elle se substitua à la Suède pour tenir tête à la maison d'Autriche, ce fut surtout pour s'arrondir de ses dépouilles, et lorsque, plus tard, sous Napoléon, elle prit la tête du mouvement allemand, c'était pour accomplir ses desseins de convoitise, mais non pour la patrie allemande et son indépendance, dont elle se moquait. Et 1866, et 1870 !! Elle a toujours d'abord voulu son propre accroissement et sa puissance, et se tient prête à le prouver encore dans toutes les circonstances, à la mort de François-Joseph, par exemple.

× ×

Frédéric II, qui a bien voulu laisser ses actes rédigés en forme de doctrine à propos de l'invasion de la Saxe en 1756, tandis que les diplomates représentant la France et l'Autriche négociaient et parlementaient, fournit l'explication de la façon et du pourquoi il a commencé la guerre de Succession d'Autriche et, plus tard, la guerre de Sept ans. Il s'est précipité tout à coup, à l'improviste, sans déclaration de guerre, sans négociation, sur les pays qu'il voulait conquérir ; il les a pris, et la conquête fut sa déclaration de guerre.

Et, depuis, le thème favori des écrivains militaires allemands, Clausewitz à leur tête, n'a-t-il pas toujours été l'étude des invasions et de leurs divers objectifs?

C'est toujours la même doctrine, ainsi que nous allons le prouver.

En 1893, le chancelier de Caprivi s'exprimait ainsi devant la commission militaire du reichstag :

« L'histoire nous enseigne l'obligation de prendre l'*offensive*, car c'est à l'offensive que la Prusse doit tous ses succès... Les plaines de l'Allemagne ne se prêtent d'ailleurs pas à une guerre défensive, de partisans, guerre possible seulement dans un pays de montagnes... La politique exige des victoires dès le début pour éviter l'invasion ; elle veut de courtes guerres et un affaiblissement durable de l'adversaire après la paix... De rapides succès nous sont d'autant plus nécessaires que nous avons été plus gâtés en 1870. La guerre sera d'autant plus courte et la paix qui la suivra d'autant plus durable que les premiers coups seront plus décisifs... De courtes guerres sont nécessaires à l'Allemagne, qui n'a ni les richesses de la France ni l'insensibilité que la Russie tire de son manque de besoins.

» Il faut enlever pour longtemps à l'ennemi le désir de recommencer la lutte. *Tous ces résultats ne peuvent être obtenus que par l'offensive.*

» Malgré le perfectionnement des armes à feu, l'*offensive* n'en restera pas moins, dans l'avenir comme dans le passé, la meilleure méthode de guerre... Nous n'avons pas l'intention de commencer une guerre en prenant l'*offensive* au point de vue politique (?) ; mais, conformément à nos traditions, nous devons être en état de prendre l'*offensive* au point de vue stratégique; en d'autres termes, nous ne devons pas attendre que l'on transporte la guerre sur notre propre territoire, mais transporter le théâtre de la lutte sur le territoire de l'ennemi... Nous sommes, nous, tenus de prendre l'*offensive*, non seulement parce que cela est toujours avantageux, mais encore parce que cela répond à nos traditions, parce que c'est le seul moyen de nous procurer ce qu'exigent et notre caractère national et notre situation économique : des succès rapides, de courtes guerres ; et, enfin, parce que cela nous permet d'éviter que les guerres se succèdent trop rapidement. C'est pour ces raisons qu'il faut que nous passions dès les premiers jours sur le territoire de l'ennemi... Les forces de l'Allemagne doivent être augmentées de façon à nous mettre en état de défendre nos frontières de la seule façon dont elles doivent être défendues, c'est-à-dire par l'*offensive*. »

Depuis lors (1893), les forces de l'Allemagne ont, en effet, été augmentées, et dans quelle mesure !!!

Et pour qui croirait à une atténuation depuis cette époque, et douterait d'une mentalité guerrière aussi agressive dans le parti des dirigeants militaires actuels de l'armée allemande, voici des... arguments ; ce sont les lignes qu'écrivait, il y a à peine quinze mois, le colonel von Bernhardi, déjà cité, de l'entourage immédiat de Guillaume et de l'état-major général, longtemps sous les ordres du comte Hœseler comme chef d'état-major du 16e corps, à Metz :

« La victoire appartiendra à qui prendra l'avantage dans le temps et dans l'espace le plus réduit. La guerre est considérée comme indispensable à l'expansion de la race allemande ; elle est inévitable dans un délai qu'on ne peut préciser ; *le moment venu, les chef mi-litaires allemands en fe nt naître l'occasion.*

» La guerre future s a une guerre d'*offensive* foudroyante ; le territoire ennemi sera envahi sitôt et peut-être avant la déclaration de guerre. Seule l'armée active sera utilisée en première ligne ; seule elle fournira les troupes de choc (1). »

---

(1) En sa qualité de soldat, le colonel von Bernhardi dédaigne les artifices de langage. « L'empire allemand nouvellement formé n'a pas encore atteint la limite de l'extension possible de sa puissance. C'est en Europe, à l'est et à l'ouest, que devront se reculer les limites permettant de vivre et de prospérer à une race qui, dans quelques *générations*, atteindra cent millions d'habitants. » La guerre donc, aux yeux du colonel, est inévitable avec l'un des deux voisins, peut-être avec les deux. Mais il ne la redoute pas ; il l'appelle, au contraire, d'accord avec *Luther* dont il invoque l'autorité. *Le réformateur* n'a-t-il pas dit : « *Il faut examiner avec des yeux virils le rôle de la guerre ou du glaive et chercher la cause finale de toutes ces horreurs et de toutes ces violences. Il sera alors évident que, considéré dans la fin, ce rôle vient de Dieu, et tend vers un but aussi nécessaire à l'homme que le boire, le manger et les autres besoins naturels.* »

Le programme rêvé par le parti militaire dont le colonel semble être le porte-drapeau ne manque pas de grandeur ; qu'on en juge : « La mission historique de l'Allemagne n'est pas encore terminée. Il faut qu'elle groupe autour d'elle tous les éléments dispersés de la race allemande ; qu'elle étende sa sphère d'influence et la mette en harmonie avec ses limites politiques, donne et assure au germanisme la place qui doit lui revenir sur tout le globe. » En d'autres termes, ce programme entraîne l'annexion à l'empire allemand des provinces baltiques russes, de l'Autriche allemande, de la Hollande, du Luxembourg, d'une partie de la Belgique, des cantons allemands de la Suisse et sans doute aussi de la Lorraine des Habsbourg et de la Bourgogne de Charles le Téméraire qui naguère relevaient du Saint-Empire.

Un livre récemment publié à Berlin et à Leipzig sous le titre *Ein Pangermanisches Deutschland* nous apprend que l'Allemagne dominera l'Europe après avoir établi son protectorat en France. L'auteur, M. Joseph-Ludwig Reimer, n'est pas un pince-sans-rire. Il écrit sérieusement ceci : « La France vaincue est partagée en trois provinces : 1° le Nord et le Nord-Ouest ; 2° le Centre ; 3° l'Est et le Sud », etc. etc.

Dans une autre brochure anonyme, *Paix ou Guerre*, les con-

On le voit, c'est bien toujours le même esprit, la même école ; et toutes les époques de l'enseignement militaire allemand en sont imprégnées depuis cent cinquante ans. D'abord Clausewitz, dans sa *Grande Guerre* ; puis tant d'autres, jusqu'à de Moltke qui disait : « *Le meilleur moyen de protéger ses frontières réside dans une offensive stratégique vigoureuse* », et von der Goltz, dans sa *Nation armée*, qui veut que l'armée soit un « *outil et non une école* ».

Nous pourrions encore citer les paroles de Bronsart von Schellendorf, n'admettant les places fortes qu'à

---

ditions du traité de paix à intervenir sont indiquées : « La nouvelle frontière devra être tracée selon une ligne qui partira de Dieppe, passera par Reims et Saint-Etienne et aboutira à Montlouis, à la pointe occidentale du Roussillon. »

Dans la publication *Avec les armes allemandes vers Londres par Paris*, Mitdeutschen Waffer, etc. (Clauss et Feddersen. Hanau) — également anonyme — on lit : « Ils ne s'en tireront pas cette fois moyennant 5 milliards et quelques milles carrés de pays. On doit les baigner dans leur propre sang... On doit les faire passer sous les fourches caudines... On doit les forcer à nous servir en esclaves... *Væ Victis*, devra-t-on leur jeter à la tête quand ils ramperont devant nous, dans la poussière, gémissants. »

Ce n'est un secret pour personne que l'Allemagne convoite les côtes de Hollande, de Belgique, de Flandre, d'Artois et de Normandie; Cherbourg dont ils rêvent de faire un « Hambourg » *amplifié*.

Déjà en 1885, le général Derrécagaix, dans sa *Guerre moderne*, avait signalé les appétits allemands.

Et tout dernièrement une sorte de manuel de conversation franco-allemand dont la lecture est tout à fait suggestive et qui est accompagné d'une phonétique des plus curieuses, était en distribution dans les corps de Westphalie, de l'Allemagne du Sud, et les 14e et 15e corps.

Voici deux phrases :

Guidez-moi de manière que personne ne nous aperçoive pas.	Güdeh moa dœ manicer kœ Personn nœ nus apersoa pa.
Si vous m'égarez, je vous fusillerai !	Si vous megareh, schœ vou fusilljereh !

grande envergure pour permettre et faciliter le débouché des forces destinées à l'*offensive*... et les innombrables harangues de Guillaume à ses soldats ou à ses marins, préconisant toujours et quand même l'*offensive*.

× ×

Après de pareilles constatations et les affirmations et tendances si vigoureusement proclamées et sans cesse réitérées par les chefs d'Etat ou d'armée qui se sont succédé à la tête des forces militaires de l'Allemagne, et que nous venons de reproduire, le lecteur pourrait se déclarer suffisamment fixé sur les intentions de l'état-major de Berlin. Ne voulant pas qu'il reste l'ombre d'un doute dans son esprit, nous prétendons — et la gravité de cette question excusera notre insistance — nous prétendons que, pour l'armée allemande, l'*action offensive* n'est pas seulement une doctrine dont la réalisation doit être considérée comme très probable, et une éventualité qu'il faut envisager comme certaine, mais une *nécessité absolue*.

L'*offensive* est une *nécessité* pour l'Allemagne par suite des conditions géographiques et topographiques dans lesquelles cette nation se trouve, sans configuration du sol favorable, sans défenses naturelles protégeant la capitale ou propices à une guerre de partisans et de défensive prolongée.

Une *nécessité* aussi pour les raisons économiques, financières et politiques *impérieuses* susceptibles de mener à la famine, à la banqueroute, à la révolution, que nous avons énumérées à la fin du chapitre premier.

Une *nécessité*, enfin, parce que *tout* a été organisé

et préparé militairement en vue de l'*offensive* et de l'*offensive* seule ; *tout*, depuis l'organisation, dès le temps de paix, de batteries d'obusiers, de groupes de mitrailleuses et de parcs de siège légers jusqu'à la suppression de toute infanterie de forteresse (les 4es demi-bataillons) pour en faire des bataillons d'offensive comme les autres ; *tout*, depuis le système de fortification avec les trois grandes places du Rhin constituant sur ce fleuve « la plus puissante base *offensive* qui ait jamais existé », d'après le général Niox, jusqu'à la dislocation des troupes de frontière à effectifs renforcés et sans cesse augmentées.

Leur réseau de chemins de fer n'en est-il pas d'ailleurs la preuve évidente ; ce réseau où, partout, le trafic, les considérations de personnes ou de provinces, les intérêts commerciaux ou industriels les plus manifestes ont été impitoyablement sacrifiés aux besoins stratégiques et aux nécessités primordiales et sacrées de la mobilisation et de la concentration ; où toute ligne courbe et à une seule voie a été remplacée par une ligne droite ou construite à deux voies.

L'état-major allemand n'a pas exagéré les places fortes et les forts d'arrêt ; mais il a sillonné l'Alsace-Lorraine d'un tel réseau que cet immense débarcadère permet d'amener 180.000 à 200.000 hommes par jour sur la base de déploiement qui va de Metz à Strasbourg, et qu'on peut presque dire que chaque division de l'armée allemande dispose d'une ligne indépendante pour arriver jusqu'au Rhin ; de là, sept lignes partent de la base Metz - Strasbourg et huit embranchements remontent vers les vallées des Vosges en partant de la ligne Strasbourg - Mulhouse.

Ce faisceau s'améliore sans relâche, si bien qu'en admettant 30 trains par vingt-quatre heures sur chaque ligne et 30 kilomètres de vitesse à l'heure, on peut, avec le général Niox, dire qu' « il faudrait moins de quatre jours pour porter sur notre frontière les combattants de toute l'armée allemande, et trois jours de plus pour compléter leur matériel ».

C'est, en effet, vers le 8e ou 9e jour que, à la suite d'un plan longuement mûri, toute l'armée allemande de première ligne (moins ses derniers parcs et convois) pourra être massée derrière la Seille — ou ailleurs — pour de là déboucher vers Nancy — ou ailleurs — et tâcher d'envelopper notre armée incomplètement concentrée, du moins on l'espère à Berlin ; la surprendre et l'assommer sur place sans qu'elle puisse se reconnaître. On se flatte aussi d'avoir repoussé nos troupes de couverture dès le 4e jour, avec une armée d'avant-garde composée de 6 ou 7 divisions et de toute la cavalerie prête en quarante-huit heures.

Mais il y a loin, quelquefois, de la coupe aux lèvres et nous devons, d'ailleurs, dans la suite, revenir longuement sur ce dernier point.

Les Allemands prétendent, en un mot, nous abattre à coup sûr avec leur armée permanente complétée par deux ou trois classes au plus, composée de soldats jeunes, vigoureux, bien entraînés et supérieurement encadrés.

Ils espèrent ne trouver devant eux, du 12e au 15e jour, qu'une armée de réservistes, composée d'éléments disparates et mal cousus, déjà démoralisée par l'*offensive* ennemie.

De cet espoir quelque peu présomptueux reste à savoir ce qu'il en sera et ce qu'il pourrait en être !

Nous le discuterons dans les chapitres qui vont suivre.

Ainsi donc, le *plan allemand est tel*, et, nous l'avons démontré, *il ne peut pas être autrement*. C'est l'*offensive* à tout prix, l'*offensive* préparée sans relâche et par tous les moyens, par des efforts acharnés et des recherches constantes.

Nous avons vu, par ailleurs, que c'est également l'*offensive* qui s'impose à l'armée française dès sa concentration achevée, sinon avant et dans les conditions que nous étudierons plus loin et qui constituent assurément la partie la plus intéressante de cette étude.

CHAPITRE IV

DANS LA PROCHAINE CONFLAGRATION ET A LA PÉRIODE DÉCISIVE DU DÉBUT, LES FRANÇAIS ET LES ALLEMANDS SERONT SEULS, FACE A FACE, EN LORRAINE, SUR LES VOSGES, EN ALSACE OU MÊME EN BELGIQUE, QUELS QUE SOIENT LE VOULOIR DES DIFFÉRENTS ALLIÉS, OU LES VELLÉITÉS DE RÉSISTANCE DE L'ARMÉE BELGE.

Quoi qu'il en soit de la mise en pratique des intentions d'*offensive* prêtées aux états-majors allemand et français, même si l'on repousse pour les deux adversaires l'éventualité d'une offensive foudroyante faite avec les seuls effectifs renforcés des troupes de couverture aidées de quelques autres éléments, et si l'on admet la complète concentration avant tout mouvement stratégique, il est bien évident que les premières grandes rencontres se produiront deux ou trois jours, au plus tard, après cette parfaite concentration.

Que l'une ou l'autre des deux armées, la plus vite prête, commence sa marche en avant *un* ou *deux* jours avant l'autre, ou qu'elles s'ébranlent simultanément, peu importe, il n'en ressort pas moins, de façon éclatante, la date quasi certaine du premier choc vraiment sérieux, qu'il n'y a pas grand mérite et excessive présomption à fixer entre les 12e et 15e jours.

En se basant sur les précédents historiques, tout en tenant compte des nouvelles et différentes conditions de la guerre scientifique moderne, il est permis de penser que le duel se terminera en huit ou dix jours après *une, deux, trois* ou même *quatre* reprises, si plusieurs sanglants combats sont nécessaires pour réduire l'un des deux combattants, ou après une seule bataille de plusieurs journées, si elle doit être une gigantesque bataille de Leipzig ou de Moukden, ainsi que le croit le général Bonnal, entre autres.

Qu'on se rappelle 1870, par exemple, où, du 6 au 18 août, en douze jours, se livrèrent les cinq grandes actions qui décidèrent, en définitive, du sort de la campagne.

Surprendre, sidérer l'ennemi par la soudaineté de son attaque, le pousser à fond et, en cas de victoire, ne pas lui donner le temps de se reconnaître, tels doivent être, nous l'avons déjà dit, les principes fondamentaux et dirigeants de la stratégie et de la tactique de la prochaine guerre, plus encore que des guerres passées.

Si donc nous supposons que cette lutte peut être *décisive* en une dizaine de jours, et qu'elle commence entre le 12e et le 15e jour après l'ouverture des hostilités (avec ou sans déclaration), c'est *avant trois semaines* qu'il faudrait arriver sur le théâtre principal des opérations franco-allemandes pour prendre part aux hostilités, et jeter son glaive dans la balance ; pour changer, en un mot, le duel de la France et de l'Allemagne en une conflagration.

Or, cela, c'est l'impossible pour toutes les armées alliées ou amies de la France comme de l'Allemagne.

C'est l'impossible matériellement, puisque, la mission qui leur est fatalement et spécialement échue le leur permît-elle, aucune des autres puissances de l'Europe, alliée ou non des belligérants, n'est capable de mobiliser et réunir ses forces assez vite pour atteindre la frontière franco-allemande au moment propice.

C'est ce que, dans ce chapitre, nous nous sommes donné pour tâche de démontrer.

Malgré notre intention bien arrêtée de faire avant

tout une étude essentiellement probante, en quelque sorte mathématique, en nous appuyant sur des réalités tangibles et en élaguant tout ce qui n'est pas indispensable à la discussion poursuivie, nous ne pouvons oublier que notre brochure s'adresse plus encore au grand public qu'aux initiés et aux hommes du métier.

Nous allons donc entreprendre une démonstration qui serait évidemment superflue — tellement les termes de l'énoncé de ce chapitre sont, *a priori*, admissibles — pour le lecteur qui possède d'exactes connaissances sur la rapidité et la facilité relatives des grandes phases de mobilisation et de concentration des différentes armées européennes ; mais nous allons faire cette démonstration parce qu'elle est indispensable pour qui n'a que de vagues notions en ces matières, c'est-à-dire pour la majorité de ceux à qui nous nous adressons.

Nous éliminerons d'abord la Russie, l'Espagne et les autres nations dont personne n'a jamais pu penser que les armées pourraient se trouver au rendez-vous de la Meuse et de la Moselle ; mais nous rechercherons plus particulièrement pour l'Angleterre, l'Autriche, l'Italie et la Belgique, s'il est permis de penser que *tout* ou *partie importante* de leurs armées est capable de secourir à temps, d'arrêter ou de contribuer à vaincre les formidables légions françaises ou allemandes.

× ×

D'abord, l'Angleterre.

De quelles forces de campagne pourrait-elle disposer dans les deux ou trois premières semaines? Combien de jours demanderait, au minimum, leur débarquement en France (ou en Belgique), en supposant que l'entente cordiale soit allée jusqu'à la *convention militaire* réglant une action commune?

Deux questions assez faciles à résoudre, en définitive, si l'on veut se contenter de probabilités et d'approximations suffisantes pour permettre de conclure sur le problème posé.

Deux des divisions des troupes régulières servant dans la métropole sont stationnées en Irlande et ne peuvent entrer en ligne de compte, tout au moins pour le début d'une guerre.

Les *trois* premières divisions (corps d'armée d'Aldershot) ont leurs unités stationnées à Aldershot, aux environs ou dans le *command* du Sud.

Sans compromettre sa sécurité territoriale — nous supposons la maîtrise de la mer — l'Angleterre peut en disposer au bout de quelques jours.

Elle peut également, comme armée de première ligne, composer, avec les quatrième, cinquième et sixième divisions, un deuxième corps d'armée.

Pour rassembler ces troupes, les réunir aux points d'embarquement avec leurs parcs, convois, approvisionnements, etc., mettons dix à douze jours, ce qui est un minimum de temps et le maximum de l'effort militaire anglais pour les premières semaines.

Cet effort donne 50 bataillons avec 45.000 à 50.000 fusils ; 15 escadrons avec 2.500 à 3.000 sabres ; 52 batteries (dont 6 lourdes à 4 pièces de 5 pouces) = 300 canons.

C'est plus encore que ne semble le prévoir M. Haldane d'après son discours du 25 février dernier à la Chambre des Communes.

Voilà pour la première question.

Pour résoudre la deuxième question, admettons la prépondérance maritime des flottes anglo-françaises ;

admettons, en outre, que dix à douze jours seront également suffisants à ces flottes pour se concentrer d'abord et bloquer ensuite effectivement la flotte allemande *après* ou *sans* combat.

Ce ne sera pas avant le 15ᵉ jour environ, c'est-à-dire deux ou trois jours de mer, que la marine commerciale anglaise, convoyée par les forces navales alliées, sera capable d'assurer le parfait transport de cette armée de campagne avec ses inpedimenta, et de la débarquer sur le continent, malgré les nombreux ports et navires et les puissants moyens dont dispose l'Angleterre, en supposant les choses au mieux.

Or, qui dit côtes françaises et surtout de Belgique, si de vive force on voulait y débarquer, ne veut pas dire frontière franco-allemande.

Pour atteindre cette dernière ; pour que les forces anglaises parviennent sur le théâtre des opérations, étant donnés les lenteurs fatales du débarquement et de l'embarquement sur voies ferrées, l'encombrement de celles-ci, etc., il est sage de compter encore une semaine, et cette estimation n'est certes pas exagérée.

Ce n'est donc pas avant la fin de la 3ᵉ semaine que l'armée anglaise de première ligne pourrait porter efficace concours aux armées françaises de premier choc.

Sans doute, l'appoint de ces excellentes troupes ne serait pas à dédaigner et pourrait changer la face des choses si le sort des armes restaït indécis jusque-là ; mais vingt et un ou vingt-deux jours après le début des hostilités, il sera probablement trop tard pour qu'une intervention anglaise soit capable de peser sur les destinées des premières batailles, en modifier le sort ou en fixer l'issue ; du moins, il est prudent de n'y pas compter, matériellement d'abord, et aussi psychologiquement... si on peut dire.

× ×

Sera-ce l'Autriche qui sera capable de venir prêter main-forte à l'Allemagne, et lui apporter le secours puissant de ses valeureuses armées avant le résultat du premier et décisif corps-à-corps?

Sera-ce l'Autriche, si tant est qu'on puisse admettre qu'elle va détourner des Carpathes un seul de ses soldats?

Mais l'Autriche, dont la seule période de mobilisation demandait douze à quatorze jours il y a dix ans, et exige encore au moins neuf ou dix fois vingt-quatre heures, ne pourrait arriver en forces à l'ouest de l'empire allemand avant le commencement de la 4e semaine ; et d'ailleurs, l'Autriche aura l'armée russe sur les bras, et, si réduite qu'on croie celle-ci et qu'elle le soit réellement, elle sera encore tellement supérieure aux armées autrichiennes qu'il faudra un certain nombre de corps prussiens à la rescousse pour rétablir tant bien que mal l'équilibre et égaliser les chances. Il est inutile d'insister et nous nous contenterons de reproduire les lignes suivantes de l'auteur allemand de *Videant Consules*, parce qu'elles expriment sur ce point l'opinion généralement admise dans tous les milieux compétents et qu'elles étaient écrites avant même la conclusion de l'alliance franco-russe :

« L'essentiel est notre situation vis-à-vis de la Russie. Malgré le concours de notre alliée l'Autriche, il nous faudra déployer en face de la Russie des *forces considérables*, bien plus considérables que celles que la France devra employer contre l'Italie... »

Même en faisant abstraction de ses difficultés intérieures, des soucis que lui crée l'*irrédentisme*, les tendances séparatistes des éléments les plus remuants et les plus puissants qui composent l'assemblage ethnographique disparate dont est constitué l'empire, les attaques incessantes de la presse italienne, etc. ; même sans cela, disons-nous, et de l'aveu de tous, l'Autriche, bien loin de pouvoir distraire un seul de ses bataillons des frontières de Pologne et d'ailleurs, n'aura pas assez de toutes ses forces pour résister au choc des armées russes et maintenir dans le devoir monarchique ses propres populations.

Dernièrement l'*Allgemein Zeitung* posait la question de la participation militaire en cas de conflit ; elle estimait qu'en vertu des traités l'Autriche-Hongrie n'est obligée à fournir son concours que si la Russie intervient contre l'Allemagne. « Et d'ailleurs, ajoutait ce journal, cette question a un caractère purement spéculatif ; car les difficultés intérieures et les préoccupations italo-balkaniques garantissent, dans tous les cas, la *passivité actuelle de l'Autriche.* »

Telle est, en effet, la véritable conclusion.

Nous n'aurons donc pas d'Autrichiens devant nous, de ce côté du Rhin, avant d'avoir réglé notre affaire avec les Allemands.

× ×

Sera-ce l'Italie?

L'Italie ! dont l'armée de première ligne, bien concentrée, ne peut quitter le bassin du Pô avant le 16ᵉ ou le 17ᵉ jour, au dire des plus optimistes, ce qui, entre parenthèses, tient surtout au système vicieux et au mauvais rendement de ses chemins de fer côtiers, à son recrutement national, à l'insuffisance de ses voies de communication, de ses ressources chevalines, et à l'indisponibilité de certains corps.

C'est même à cause de cette lenteur de mobilisation et de concentration qu'un certain nombre d'auteurs allemands et français estiment que la partie de l'armée française qui doit tenir en respect l'armée italienne sur les Alpes y peut, sans inconvénient, et doit même se composer exclusivement de formations de réserve ; et que celles-ci seront encore suffisamment tôt prêtes à la repousser.

Quant à la jonction éventuelle d'une partie des armées italiennes (deux ou trois corps) avec l'aile gauche des armées allemandes par la Suisse ou le Brenner, elle a fait verser des flots d'encre. Ne la signalons que pour faire remarquer que, dans les meilleures conditions, sans l'ombre de résistance, elle ne pourrait pas s'effectuer avant le 22e ou le 23e jour.

Inutile de rappeler que les Alpes, *toutes les Alpes*, sont infranchissables pendant la moitié de l'année, et qu'avec l'*entente cordiale* surtout les Italiens ne s'engageront ni trop vite, ni à fond, avant une action décisive autour de la frontière franco-allemande.

Encore très imprégnés de l'esprit de Machiavel, ils aimeront mieux... *voir venir*.

Nous ne risquons donc pas davantage de rencontrer des Italiens en face de nous, dans la période des combats décisifs, sur le théâtre principal des opérations d'une guerre franco-allemande.

× ×

Reste à envisager l'intervention de l'armée belge ; car, pour aucun des deux belligérants et dans toutes les hypothèses, il ne saurait être question de violation du territoire néerlandais. Le Limbourg hollandais s'étend bien en pointe vers le sud, le long de la Meuse jusqu'à quelques kilomètres de Liége (15 ou 16 kilomètres) ; mais, pour pénétrer dans la vallée de cette rivière, on peut éviter le territoire hollandais, conséquemment le gros souci d'avoir les Hollandais sur les bras.

Revenons à l'armée belge.

Pour supposer que nous la trouverons devant nous, il faut admettre ou que nous l'y obligerons par violation de territoire — et c'est une hypothèse qui n'est pas inadmissible — ou que cette armée sera, sinon aux côtés des Allemands, du moins *passivement* de connivence avec eux (1) ; mais, dans ces deux éventualités, il faut admettre en même temps, et avant tout, que cette armée est susceptible d'être assez tôt prête pour opposer une résistance sérieuse à l'envahisseur, quel qu'il soit, et prendre part à la lutte gigantesque avant la fin de la période décisive.

Cela lui est-il possible?

Garder la défensive sur la Sarre et le Rhin pour porter la guerre en Belgique, tel a été et tel est peut-être encore le projet préféré du grand état-major allemand ; et il y a bon nombre d'années qu'on prévoit que ce sera là et non ailleurs que se livrera la grande bataille.

Bien naïf serait celui qui croirait encore au respect quand même des traités qui garantissent les neutralités.

Des auteurs de talent et des stratégistes de premier

(1) Il tombe sous le sens que jamais les Belges ne marcheront ouvertement avec l'Allemagne contre nous — et pour cause.

ordre estiment qu'actuellement et en raison des ouvrages défensifs accumulés des deux côtés de la frontière pour aller d'Allemagne en France ou de France en Allemagne, *la seule route c'est la Belgique.*

Il serait trop long d'énumérer les autres raisons déterminantes de cette conception. Ce qu'on sait bien, c'est que, dans un rapport confidentiel au roi Léopold, M. Banning démontrait, il y a quelques années, par des considérations stratégiques puisées aux meilleures sources et appuyées des déclarations mêmes de l'état-major allemand, que « l'Allemagne est obligée de passer par la Belgique ».

Le jour où l'Allemagne jugera favorable d'attaquer la France, elle aura « un intérêt immense à passer la Meuse à Liége ou à Namur pour attaquer la France par le Nord », a dit le général Liagre.

M. le colonel Ducarne, également de l'armée belge, écrivait en 1900, dans un rapport adressé à la commission de défense de son pays : « Il est certain que les quatre ou cinq armées allemandes entre lesquelles sera réparti le million d'hommes que l'Allemagne mettra en première ligne ne pourront se contenter, pour manœuvrer, des espaces restreints qui sont disponibles, d'une part au nord de Verdun, et, d'autre part, entre Toul et Epinal Fatalement ce front devra s'étendre par le grand-duché de Luxembourg et *par la Belgique.* »

Dans une conférence faite à Amsterdam devant 150 officiers de l'armée, M. le chevalier Tyndal, ancien officier d'artillerie, déclarait, lui aussi, « qu'on considérait généralement que, dans la prochaine guerre, la *Belgique sera le champ de bataille* ».

Le 21 janvier de l'année dernière, M. Ernest Judet, ayant eu connaissance d'une étude très importante de l'état-major belge sur la défense de la Belgique, en citait la phrase suivante dans son journal *l'Eclair* : « En cas de conflit, les Allemands se proposeraient de porter sur la Meuse, entre Mézières et Stenay, une masse de 7 corps d'armée et de 4 divisions de cavalerie. »

Quelques mois après, le général Langlois — qui se livrait à une enquête sur une entente possible entre la Hollande et la Belgique, tant au point de vue militaire qu'économique — disait :

« Dans le cas d'un conflit armé entre la France et l'Allemagne, cette dernière a le plus grand intérêt à ne pas venir se buter contre les places fortes et forts d'arrêt qui garnissent la frontière commune de Belfort à Verdun... Elle cherchera donc vraisemblablement à attaquer l'aile gauche française par la trouée de Stenay et à la déborder par la Belgique. Que ce mouvement débordant s'exécute seulement par la partie méridionale de la Belgique, aujourd'hui fort bien pourvue de routes, ou qu'il emprunte la vallée de la Meuse, sans toucher au territoire hollandais..., *l'armée belge actuelle* — ajoutait l'éminent écrivain — *est absolument insuffisante pour gêner en quoi que ce soit la marche des armées allemandes.*

» Quant aux frontières de la Meuse, si voisines de la frontière, elles seraient enlevées avant d'avoir reçu leur garnison de guerre et ne sont pas un obstacle sérieux. »

D'après certains auteurs qui croient à l'existence d'un traité secret entre la Belgique et l'Allemagne, l'impossibilité même — impossibilité surabondamment démontrée — dans laquelle se trouve l'armée belge de défendre les fortifications de la Meuse, néanmoins édifiées, prouverait jusqu'à l'évidence l'existence de ce traité, n'y eût-il que cette preuve.

Le major belge Girard, cet ancien professeur d'art militaire et de fortifications à l'Ecole militaire, *ne doute pas*, non plus, *de la violation de la neutralité belge*.

« Quelle est la ligne sur laquelle l'armée allemande doit se placer, dit-il, pour menacer Paris en couvrant Berlin, sur laquelle l'armée française doit s'établir pour menacer Berlin en couvrant Paris?

» L'armée allemande partira-t-elle du Rhin moyen pour se heurter immédiatement aux formidables défenses de la Meuse supérieure, ou se dirigera-t-elle plus au sud encore, pour tendre la main à l'invasion italienne, en découvrant l'empire tout entier?

» L'armée française se concentrera-t-elle sur la Meuse supérieure, sur cette barrière que la nature et l'art ont rendue presque infranchissable en laissant la frontière du Nord ouverte à l'invasion?

» Réponse : non, *elles préféreront la voie belge*. »

Et le major Girard ajoute :

« L'envahissement de la Belgique pourra avoir lieu par l'exercice du droit de passage ou par la dénonciation du traité de neutralité.

» Dans le premier cas, un demi-million de Français ou d'Allemands se présenteront à la frontière, un rameau d'olivier à la main, invoquant un droit établi par le code des nations.

» En ce moment, une centaine de mille hommes, dépourvus de chevaux pour traîner les voitures les plus indispensables, seront rassemblés à Anvers dans le désordre qu'accompagne la formation hâtive des grandes unités!

» Dans ces conditions, que pourrons-nous faire, si ce n'est accorder le passage, en faciliter même les moyens, ne désirant qu'une chose : c'est que le pays soit traversé le plus tôt possible et le théâtre de la lutte porté en pays étranger?

» Dans le second cas, il pourra arriver de ces deux choses l'une : un des deux belligérants se massera sur notre frontière, ou tous les deux à la fois.

» Si l'un des deux belligérants seulement se masse sur notre frontière, nous aurons la certitude d'être anéantis avant que l'autre, concentré sur un théâtre d'opérations éloigné, puisse venir à notre secours.

» Déclarerons-nous la guerre à un premier envahisseur qui, par son initiative hardie, s'ouvre le chemin de la capitale ennemie et s'assure un avantage marqué dès le début des opérations?

» Si les deux belligérants se concentrent à la fois sur nos frontières, nous ne déclarerons pas la guerre au premier envahisseur par la raison bien simple que nous ne pourrons pas savoir quel il est.

» Quel sera, en effet, le premier envahisseur : celui dont une patrouille de cavalerie frôlera de trop près la frontière, ou celui dont les corps d'armée pénétreront dans le pays?

» Toute armée se faisant précéder par un rideau de cavalerie qui se saisit des moyens de correspondance, il est clair que nous ne pourrons avoir connaissance du moment où les corps, tant allemands que français, franchiront la frontière. »

Il est du reste bien établi que, du fait de la Belgique, les armées allemandes ou françaises ne peuvent rencontrer aucune opposition énergique et sérieuse si elles veulent envahir le territoire belge ; le voudront-elles?

Rien, en effet, ou très peu de chose n'a été modifié

en Belgique depuis l'enquête faite par l'*Etoile belge*, il y a quelques années, enquête dans laquelle les officiers généraux, MM. de Renette, Knepper, Lambert, Maréchal ont été unanimes à reconnaître la pitoyable situation militaire de la Belgique et son *impuissance absolue à défendre sa neutralité ;* et le vote relativement récent des nouvelles fortifications d'Anvers n'y peut rien changer.

Si l'on réfléchit que 130.000 hommes, tous déchets enlevés, représentent la totalité des forces militaires belges sur pied de guerre, dont 70.000 environ indispensables comme garnisons des places fortes, et 60.000 hommes pour l'armée de campagne ; si l'on réfléchit à cela, on sera vite convaincu de leur impuissance, surtout si on se rappelle les critiques sévères des effectifs, de l'armement, de l'équipement et de tous les autres services de l'armée belge, qui de tout temps, ont été formulées contre cette armée.

Dans sa brochure, le major Girard écrivait encore :

« En me basant sur l'expérience que j'ai personnellement acquise pendant notre mobilisation de 1870 et sur les études que j'ai poursuivies pendant mes quinze années de professorat à l'Ecole de guerre et à l'Ecole militaire, j'estime que, par suite de ses vices organiques, notre armée ne sera pas en état de tenir la campagne avant le 15e jour au plus tôt de la mobilisation. Les corps allemands et français seront mobilisés le *septième*, peut-être le *sixième*. La Belgique pourra donc être envahie tout entière avant que nous soyons en état de tirer un coup de canon.

» Le résultat, on le devine.

» L'armée belge, arrivant trop tard pour défendre les positions de la Meuse, se jettera dans Anvers. »

Ces lignes pourraient être écrites aujourd'hui encore, puisque, il y a moins de six mois, le général Langlois faisait les mêmes constatations et arrivait aux mêmes conclusions.

On ne nous en voudra pas d'avoir insisté longuement sur ce sujet d'un intérêt si palpitant et auquel les grands événements qui se préparent se chargeront peut-être bien de donner le relief de la cruelle et sanglante réalité.

En résumé, dans toutes les prévisions, et pour tout esprit non prévenu — cela est maintenant indubitable — l'armée belge ne pourra s'opposer efficacement à la violation de la neutralité de son territoire ; et il est hors de doute qu'elle sera une quantité négligeable du 12e au 15e jour de la mobilisation des armées françaises et allemandes.

× ×

De cette longue mais catégorique discussion il faut conséquemment conclure que les Français et les Allemands seront effectivement seuls, face à face, pendant la période décisive de leurs grandes rencontres du début d'une guerre c'est-à-dire pendant les phases concluantes de leur duel à mort, — durant le *troisième septenaire*.

C'est bien là ce que, dans ce chapitre, nous avions pour objet de démontrer sans réplique.

CHAPITRE V

L'ARMÉE ALLEMANDE DE PREMIER CHOC

Pour le grand état-major allemand, si l'on en croit le colonel Bernhardi, son porte-paroles autorisé, « la guerre future doit être une guerre d'offensive foudroyante ; le territoire ennemi doit être envahi sitôt et peut-être avant la déclaration de guerre. Seule l'armée active sera utilisée en première ligne ; seule elle fournira les troupes de premier choc ».

Cet état-major a également fait sienne cette conception guerrière de Napoléon : contre une coalition il faut frapper à la tête ; contre plusieurs armées, c'est la plus importante qu'il faut d'abord attaquer et détruire. Si l'ennemi principal est *assommé*, les autres ne peuvent résister.

Pour cette raison et toutes autres qu'il est superflu de répéter encore, *les armées allemandes de premier choc ont pour objectif immédiat de foncer sur les armées françaises ; de s'engager à fond contre elles pour les terrasser, et, sans leur donner le temps de souffler et d'être secourues, de les assommer sur place en leur assénant l'irrémédiable* COUP DE MASSUE.

Telle est du moins l'intention, le but poursuivi et rêvé.

Quelle est la valeur de l'outil capable, ou prétendu tel, d'exécuter ce travail?

Quelle sera la composition des forces allemandes susceptibles de mener à bien cette entreprise, d'essayer tout au moins de remplir cette mission ?

Voilà bien la question intéressante entre toutes et qui vaut de solliciter de sérieuses investigations.

× ×

Il est généralement admis que les formations de réserve sont capables de suivre d'assez près les armées de premier choc et d'entrer en ligne très peu de jours après celles-ci ; mais *qu'elles ne seront jamais que des troupes de deuxième échelon*, et cela non seulement parce qu'elles n'offriraient ni la solidité ni la garantie des formations du temps de paix, mais surtout parce qu'elles ne permettraient ni la lutte à armes égales, ni l'offensive stratégique, ni même la défensive en temps opportun.

En Allemagne, en tout cas, cette manière de voir est passée à l'état d'axiome indiscuté.

Dans son discours de novembre 1896 (à propos du projet de loi pour ramener les 173 4es demi-bataillons à 86 bataillons) voici comment s'exprimait Bronsart von Schellendorf :

« Messieurs... c'est l'armée de campagne qu'on doit rendre plus forte, et spécialement cette partie de l'armée de campagne qui est appelée à porter le premier coup en cas de guerre, ou à le parer, s'il doit venir de l'ennemi.

» *L'armée de campagne de première ligne, celle qui est appelée à livrer les batailles, est et doit demeurer l'armée du pied de paix rendue mobile.*

» Chaque bataillon forme une véritable troupe d'élite, apte à tous les services de paix et de guerre.

» Tous ces bataillons sont pour ainsi dire coulés dans le même moule.

» *Les formations de réserve et les formations nouvelles ne sont pas des troupes d'élite et j'estime qu'il faut regarder à deux fois à les mettre en première ligne dès le début de la guerre.*

» *Elles ont à mes yeux une valeur moindre, non point assurément sous le rapport de la bravoure et de l'esprit de sacrifice, mais au point de vue de la cohésion, de la solidité de leur contexture.*

» *Elles ressemblent à ces constructions faites de bonnes pierres, mais assemblées par un ciment qui met du temps à devenir compact ; elles peuvent avoir très belle apparence, mais elles sont au début incapables de supporter les chocs et les fortes secousses...*

» Une troupe de nouvelle formation dont un faible noyau aura été constitué en temps de paix sera naturellement préférable à une autre improvisée de toutes pièces ; mais elle sera cependant de qualité inférieure et ne saurait se comparer *à une troupe du pied de paix que l'on aura mobilisée en partant d'un état de qualité réelle...* Si vous voulez bien, Messieurs, partager cette manière de voir, vous reconnaîtrez avec moi que l'unique moyen pour accroître la puissance effective de l'armée de campagne consiste à augmenter les forces constituées sur le pied de paix, et que, pratiquement, *on ne renforce rien en plaçant sur un même rang les formations qui existent déjà et les nouvelles qu'on ne mettra sur pied qu'au début de la guerre, pour les envoyer côte à côte contre l'ennemi.* »

L'opinion du colonel von Bernhardi, déjà cité, disant que « *seule l'armée active sera utilisée en première ligne et seule fournira les troupes de choc* », est donc la confirmation éclatante que rien n'est modifié dans la conception, ancienne déjà, du plan en faveur à Berlin.

Dans un article que nous regrettons de ne pouvoir reproduire *in extenso* et que publiait, il y a quelques années, M. Ernest Judet, ce plan d'offensive foudroyante était si magistralement mis en lumière que nous ne saurions mieux faire que d'en donner les principaux passages, toujours d'actualité, et qui pourraient être signés par les plus éminents de nos écrivains militaires et les plus autorisés de nos généraux :

« Nul ne conteste qu'un Etat serait invincible s'il joignait la supériorité numérique de ses régiments à l'excellence de leur entraînement guerrier ; en un mot, la *quantité* à la *qualité*.

» Entre ces deux pôles extrêmes, se meut et se tranchera en faveur du mieux équilibré la question de la primauté sur les futurs champs de bataille. Tant que la paix perpétuelle n'est pas assurée, il importe de n'être pas dépassé ; nos voisins d'outre-Rhin ne perdent pas une minute pour que personne ne les rejoigne.

» Ils ont soigneusement médité cette maxime d'un de leurs plus illustres généraux : « Plus l'action de la » guerre est lente, plus les temps d'arrêt y sont fré- » quents, et plus il est facile de réparer une faute. »

» C'est pourquoi l'état-major prussien s'applique, par la préparation intense de tous les éléments matériels et moraux d'une lutte éventuelle, à se réserver le privilège de la *vitesse*. C'est par ce principe universellement adopté dans tous les services, dans toutes les combinaisons d'ensemble, dans toutes les dispositions de détail, qu'il se flatte de nous surprendre encore et nous empêcher de *rattraper son avance*.

» Une fois le ressort diplomatique détendu, les événements construits de toutes pièces n'auraient plus qu'à suivre le cours fatal si nous nous abandonnions à l'impérieuse domination de leurs calculs.

» Pour vaincre, ils entendent assommer sans délai et sans recours l'adversaire annihilé.

» La vitesse ainsi comprise n'est pas seulement le produit des voies ferrées. Leur étendue, leurs commodités, l'abondance du matériel contribuent au succès, mais ne lui apportent qu'un concours secondaire ; l'essentiel est de posséder sous la main, constamment prête, une armée dont l'entrée en ligne foudroyante ne souffrira ni des lacunes de l'instruction ni des lenteurs de la mobilisation.

. . . .

»... De là l'importance capitale des premiers chocs, de plus en plus rapprochés de l'ouverture des hostilités ; de là, ensuite, la *volonté* de démoraliser par une suite de marches irrésistibles les derniers débris de l'ennemi vaincu et incapable de se ressaisir, c'est-à-dire de reprendre l'avantage.

. . . .

» ... Leur méthode rigoureusement logique d'un bout à l'autre de la stratégie et de la tactique n'a qu'une formule : *arriver plus tôt, sans à-coup, sans embarras, avec le nombre qui peut être suffisamment engagé et qui suffit à gagner la partie suprême.*

» *C'est pourquoi ils entendent n'amener pour l'affaire décisive qu'une armée de première ligne, soigneusement dégagée de tout lien déprimant ou alourdissant avec les réserves.* Ils séparent l'œuvre de guerre en deux parties nettement distinctes : l'une consiste à briser la résistance du peuple envahi ; l'autre à occuper son territoire, à maintenir les communications libres, à régler le ravitaillement des vivres et des munitions, à faire le siège des places ou à les masquer.

» C'est ainsi qu'ils concilient la *qualité* et la *quantité ;* ils ne subordonnent pas un principe à l'autre. Ils tâchent d'avoir deux cordes à leur arc, mais ils ne les tendent pas simultanément ; ils se flattent de donner le coup de grâce aux armées de l'ennemi, puis les landwehrs s'écouleront sur le territoire conquis jusqu'à ce que la paix soit signée : la digue brisée par les vagues impétueuses du début, la marée s'étend sans peine et n'obéit plus qu'à son niveau.

» Tel est le p

. . . .

»... Les effectifs de paix successivement augmentés, grossis des classes qui viennent de quitter le régiment ; qui n'ont pas perdu le contact de la vie de caserne, du champ de manœuvre ou du polygone ; qui retrouvent leurs chefs de la veille, *voilà l'armée qui a pour mission de vaincre ; encadrée par plus de cent mille professionnels, ne possédant que des sous-officiers rengagés et un groupe considérable d'anciens soldats*, elle forme une machine de guerre redoutable par la *quantité*, qui est *suffisante*, mais surtout par la *qualité*, qui a reçu tous les soins imaginables du souverain et de l'état-major appelé à déchaîner l'invasion.

» C'est la pointe de la lance ; on la veut de pur acier pour risquer la grande aventure avec la majorité des chances ; le bois fait aussi partie de la lance, mais il n'est que le bois. Nul, en Allemagne, ne prend le bois pour la lance.

» L'axiome courant là-bas pose et résout la difficulté :
« Plus une unité contient de réservistes et plus il faut
» lui ménager de jours d'entraînement et d'assimila-
» tion avant de la soumettre à l'épreuve du feu. »

» Au lever du rideau, il est indispensable que la troupe soit prête ; les renforts, les suppléments, les réserves auront leur moment et leur travail ; mais après, mais ailleurs, mais autrement, quand la brèche sera béante, ils empêcheront les revers de fortune, ils fixeront et solidifieront la victoire.

» Avec leur sentiment net et froid des réalités, les Prussiens voient dans cette hiérarchie et cette gradation plus d'un mérite militaire, moral et social.

» Militairement ils tirent du chaos informe de la mobilisation un instrument maniable et sûr qui rappelle les anciennes armées de métier sans perdre pourtant les ressources illimitées du nombre.

» En rajeunissant les classes, ils posent le fardeau le plus lourd sur des jeunes gens plus actifs, plus légers de cœur, d'esprit et de corps, qui n'ont pas la sollicitude du foyer, le souci des affaires, les affections et les charges de la famille.

» Ils allègent la nation des préoccupations qui ralentissent son élan en cas de lutte décisive...

» Ainsi s'exprime le rescrit impérial : « *En cultivant et en employant davantage les forces jeunes dans le service militaire, on diminuera les inconvénients économiques et militaires qui résultent de l'appel des classes plus âgées, de sorte que ces classes seront plus épargnées qu'auparavant.* »

» Guillaume II, d'après la *Gazette de Cologne*, a dit avec encore plus de clarté : « Plus de pères de famille aux armées de première ligne ! »

» C'est le commentaire moins inhumain de la fameuse phrase de von der Goltz : « Pour les hécatombes des premières batailles, il faut des hommes jeunes. »

On nous pardonnera cette longue citation qui n'était certes pas indispensable pour notre démonstration, mais que nous serions navré d'avoir écourtée davantage, tant en est forte l'argumentation, et palpitant l'intérêt.

C'est par l'extrait suivant du journal anglais le *Broad Arrow* que nous épuiserons ce sujet :

« Dans l'esprit de beaucoup de gens, le système militaire des puissances continentales évoque l'idée d'une vaste école formant des soldats pendant la paix, l'armée ne devant exister que pour la guerre à l'état d'instrument effectif.

» Cette théorie, si séduisante et économique qu'elle paraisse, *n'est cependant pas la base du système allemand*, et les Français commencent à découvrir que, dans leur enthousiasme insensé pour les réserves, ils affaiblissent la puissance effective de leur armée active. *En 1870, la France avait des soldats et point de réserves ; aujourd'hui, dans l'opinion de certains, elle a des réserves et point de soldats.*

» Cela est très intéressant pour nous ; car, avec tous les défauts de notre système d'enrôlements volontaires, il n'est pas invraisemblable que nous soyons enclins à cette méprise et conduits à exagérer le système de la nation armée.

» *Le premier élément du succès dans les opérations militaires doit être une armée toute prête pour une action soudaine, à l'explosion des hostilités, afin de s'assurer les avantages matériels et moraux que peut donner un effort violent et rapide, brisant l'organisation de l'ennemi.*

» *Les Allemands l'ont reconnu depuis longtemps*, mais il semble que ce n'est qu'aujourd'hui que les Français en font la découverte. »

C'est avec leurs formations organiques du pied de

paix portées à l'effectif de guerre complet — sauf peut-être pour les troupes de couverture qui le sont d'ailleurs aux deux tiers en tout temps — que les Allemands formeront leurs armées de premier choc.

Avec une imperturbable ténacité et une inlassable persévérance ils sont arrivés, après de nombreuses et successives modifications, au but qu'ils poursuivent depuis plus de cent ans : entrer en ligne avec une formidable armée de paix, *armée des premiers chocs*, sans perdre l'avantage des inépuisables réserves qui formeront les armées de deuxième et troisième ligne, *armées de secours et d'occupation ; armées de remplacement et de garnisons.*

Le champ de nos recherches sera ainsi restreint, et le problème simplifié. Il ne s'agit pas, en effet, de fixer d'une façon absolue et précise les dispositions stratégiques des armées de l'Allemagne, non plus que le plan détaillé et certain de leurs futures opérations — choses d'essence variable d'un jour à l'autre, même dès le temps de paix — mais de prévoir très approximativement la composition et les effectifs de la *première armée de combat.*

Ce sont, conséquemment, les unités tactiques organisées dès le temps de paix que nous allons étudier maintenant, puisque *seules* elles doivent entrer dans la composition de cette armée.

Nous verrons ensuite à faire la part strictement indispensable qui devra, de toute nécessité, et dans les premières semaines, se masser ailleurs que sur le théâtre principal des opérations.

Les forces disponibles après ce prélèvement inéluctable nous donneront enfin la mesure exacte de *cette armée de premier choc*, qui doit écraser l'ENNEMI, et réaliser l'instrument irrésistible du COUP DE MASSUE RÊVÉ.

× ×

Depuis le 1er octobre 1906, l'infanterie allemande comprend 216 régiments : 180 à 3 bataillons, 36 à 2 bataillons ; 18 bataillons de chasseurs à pied, avec 16 détachements de mitrailleuses (1), soit 630 bataillons (3 de plus que l'année dernière, en attendant les 633 prévus pour l'année 1910 : 1 en 1908 à Freiberg (Saxe) ; 2 en 1909 à Quedlinburg (4e corps) ; répartis par corps ainsi qu'il suit:

	Bataillons.		Bataillons.
Garde	34	12e corps	21
1er corps	37	13e —	25
2e —	28	14e —	34
3e —	25	15e —	32
4e —	29	16e —	28
5e —	29	17e —	31
6e —	29	18e —	28
7e —	29	19e —	22
8e —	28	1er corps bavarois	25
9e —	29	2e — —	23
10e —	23	3e — —	24
11e —	24		

Les effectifs sont de 640 hommes et 22 officiers pour 97 d'entre eux, de 570 hommes et 18 officiers pour les

(1) Les groupes de mitrailleuses sont ainsi répartis :

	Groupes.		Groupes.
Garde	2	15e corps	2
1er corps	3	16e —	1
3e —	1	17e —	1
6e —	1	19e —	1
12e —	1	1er corps bavarois	1
14e —	2		

autres ; dans les bataillons de chasseurs, de 679 hommes pour 4 bataillons, de 614 hommes pour les autres.

La *cavalerie* comprend :

98 régiments à 5 escadrons (4 actifs et 1 de dépôt) ;
1 régiment à 3 escadrons momentanément.

(A partir de l'année prochaine et successivement de nouveaux escadrons et régiments seront créés de façon à atteindre en 1910 le chiffre de 510 escadrons — 102 régiments — fixé par la nouvelle loi.)

Soit 395 escadrons actifs et 98 5es escadrons de dépôt, répartis par corps d'armée ainsi qu'il suit (escadrons actifs seulement) :

	Escadrons.		Escadrons.
Garde	32	12e corps	16
1er corps	24	13e —	16
2e —	16	14e —	20
3e —	16	15e —	16
4e —	16	16e —	16
5e —	16	17e —	24
6e —	20	18e —	16
7e —	16	19e —	12
8e —	16	1er corps bavarois	16
9e —	16	2e — —	16
10e —	16	3e — —	11
11e —	12		

Les escadrons à effectif renforcé (ceux des frontières) ont 4 officiers, 146 hommes, 140 chevaux ;

Les escadrons demi-renforcés : 4 officiers, 138 hommes, 137 chevaux ;

Les autres : 4 officiers, 133 hommes, 133 chevaux. (Depuis quelque temps certains escadrons comptent jusqu'à 157 chevaux.)

L'*artillerie* de campagne comprend 94 régiments, non compris un régiment d'instruction, avec 574 batteries, dont 42 à cheval et 63 d'obusiers.

(La nouvelle loi ne prévoit pas d'augmentation pour l'artillerie de campagne.)

Voici leur répartition par corps :

			montées	à cheval	d'obusiers
Garde........	26	batteries dont....	21	5	»
1er corps.........	32	— —	27	2	3
2e corps.........	24	— —	18	3	3
3e corps.........	26	— —	21	2	3
4e corps.........	24	— —	18	3	3
5e corps.........	26	— —	21	2	3
6e corps.........	24	— —	18	3	3
7e corps.........	24	— —	18	3	3
8e corps.........	26	— —	21	2	3
9e corps.........	24	— —	21	»	3
10e corps.........	26	— —	21	2	3
11e corps.........	26	— —	21	2	3
12e corps.........	26	— —	21	2	3
13e corps.........	24	— —	21	»	3
14e corps.........	30	— —	26	1	3
15e corps.........	26	— —	21	2	3
16e corps.........	24	— —	18	3	3
17e corps.........	26	— —	21	2	3
18e corps.........	24	— —	20	1	3
19e corps.........	24	— —	21	»	3
1er corps bavarois	20	— —	18	»	2
2e corps bavarois	22	— —	18	2	2
3e corps bavarois	20	— —	18	»	2

(Sur les 469 batteries montées, 420 sont considérées comme devant marcher avec les corps d'armée de première ligne ; les 43 autres et les 9 du régiment d'instruction réservées aux formations de deuxième ligne après dédoublement ou non.

Certains auteurs prétendent, au contraire, que tout ou partie de ces 62 batteries sera immédiatement utilisé et formera *réserve d'artillerie d'armée?)*

Toutes les batteries montées ont 4 officiers à l'effectif de paix.

Le grand cadre attelle 6 pièces et 2 chariots avec 127 hommes et 75 chevaux.

Le cadre moyen attelle 6 pièces avec 115 hommes et 60 chevaux.

Le petit cadre attelle 4 pièces avec 102 hommes et 44 chevaux.

Sur pied de guerre, la batterie attelle 6 pièces, 8 caissons, 3 chariots et 1 forge, soit 18 voitures.

Les batteries à cheval renforcées ont 5 officiers, 121 hommes, 120 chevaux et attellent 6 pièces et 2 chariots.

Les autres (à cheval) attellent 4 pièces avec 76 chevaux. Elles comptent 4 officiers et 92 hommes (1).

Pour abréger, nous nous en tiendrons aux trois armes principales.

Remarque générale. — Sauf de très rares exceptions (brigade d'infanterie bavaroise à Metz, etc.), les troupes allemandes tiennent généralement garnison sur le territoire du corps d'armée dont elles font partie.

× ×

Sur sa frontière occidentale, l'Allemagne a massé les troupes suivantes, presque toutes à effectif renforcé :

En *infanterie* :

1° 28 bataillons du 16e corps :
- 17 à Metz,
- 6 à Morhange,
- 3 à Thionville,
- 2 à Saint-Avold ;

2° 32 bataillons du 15e corps :
- 14 à Strasbourg,
- 3 à Sarrebourg,

(1) Tous ces effectifs ont subi des modifications en ces derniers temps.

3 à Dieuze,
3 à Wissembourg,
3 à Haguenau,
2 à Bitche,
2 à Saverne,
1 à Phlasbourg,
1 à Mutaig ;

3° 34 bataillons du 14e corps :
6 à Rastadt,
5 à Mulhouse,
3 à Karlsruhe,
3 à Fribourg,
3 à Constance,
3 à Colmar,
2 à Strasbourg (provisoirement),
2 à Lahr,
2 à Offenburg,
2 à Manheim,
1 à Heidelberg,
1 à Neuf-Brisach,
1 à Schlestadt ;

4° 28 bataillons du 8e corps :
8 à Trèves,
4 à Coblentz,
3 à Saarlouis,
3 à Saarbrüch,
*3 à Aix-la-Chapelle,
*3 à Cologne,
2 à Ehrenbreitstein,
*1 à Diez,
*1 à Bonn ;

5° 23 bataillons du 2e corps bavarois :
6 à METZ,

4 à Landau,
*3 à Bamberg,
*3 à Wurtzburg,
3 à Gemersheim,
2 à Deux-Ponts,
1 à Sarreguemines,
*1 à Ascheffonburg ;

Soit 145 bataillons dont 15, il est vrai, un peu éloignés de la véritable zone frontière (ceux précédés d'un astérisque).

En *cavalerie.*

1° 16 escadrons (actifs) du 16e corps :
8 à Metz,
4 à Morhange,
4 à Thionville ;

2° 16 escadrons du 15e corps :
8 à Sarrebourg,
4 à Strasbourg,
4 à Haguenau ;

3° 20 escadrons du 14e corps :
8 à Colmar,
4 à Mulhouse,
4 à Karlsruhe,
4 à Schewetsingen-Bruchsal ;

4° 16 escadrons du 8e corps :
8 à Sarrebrück,
*4 à Deutz,
*4 à Bonn ;

5° 16 escadrons du 2e corps bavarois :
4 à Dieuze,
4 à Sarreguemines-Deux-Ponts,
*4 à Bamberg,
*4 à Ansbach.

Soit 84 escadrons, dont 16 (ceux précédés d'un astérisque) peuvent être considérés comme en dehors de la zone frontière immédiate.

En *artillerie :*

1° 24 batteries du 16e corps :
15 à Metz,
6 à Saint-Avold,
3 à Morhange ;

2° 26 batteries du 15e corps :
9 à Strasbourg,
9 à Haguenau,
5 à Sarrebourg,
3 à Bischwiller ;

3° 30 batteries du 14e corps :
12 à Karlsruhe,
6 à Rastadt,
6 à Fribourg,
3 à Neuf-Brisach,
3 à Lahr ;

4° 26 batteries du 8e corps :
*6 à Cologne,
6 à Coblentz,
6 à Trèves,
6 à Sarrelouis,
2 à Saarbrüch ;

5° 22 batteries du 2e corps bavarois :
12 à Landau,
*10 à Wurtzbourg.

Soit 128 batteries sur lesquelles 10 à cheval et 14 d'obusiers ; mais dont 16 (celles précédées d'un astérisque : 11 montées et 5 d'obusiers) sont hors de la véritable zone frontière.

× ×

Sur sa frontière orientale, l'Allemagne a massé les troupes suivantes :

En *infanterie*, *154* bataillons :

37 du 1er corps,
31 du 17e corps,
28 du 2e corps,
29 du 5e corps,
29 du 6e corps ;

En *cavalerie*, 100 escadrons (non compris les 5es escadrons) :

24 du 1er corps,
24 du 17e corps,
16 du 2e corps,
16 du 5e corps,
20 du 6e corps ;

En *artillerie*, 132 batteries (105 montées, 12 à cheval, 15 d'obusiers) :

32 du 1er corps (27 montées, 2 à cheval, 3 d'obusiers);
26 du 17e corps (21 montées, 2 à cheval, 3 d'obusiers);
24 du 2e corps (18 montées, 3 à cheval, 3 d'obusiers);
26 du 5e corps (21 montées, 2 à cheval, 3 d'obusiers) ;
24 du 6e corps (18 montées, 3 à cheval, 3 d'obusiers).

× ×

Sur sa frontière danoise et de la mer du Nord, se trouve le 9e corps d'armée, avec 29 bataillons d'infanterie, 16 escadrons de cavalerie, 24 batteries de campagne (21 montées et 3 d'obusiers).

× ×

Admettre que les Allemands pourront disposer de toutes leurs troupes de première ligne contre la France sans en distraire un seul élément contre la Russie menaçante, ou pour protéger leurs frontières septentrionales et toutes leurs côtes, serait certes bien fou.

Supposer que, pour ce rôle protecteur et de leur territoire et de leur capitale, pourtant si rapprochée de la frontière, ils s'en fieront à leurs seules formations de réserve, ce serait insensé ; même si, à bon droit, ils pouvaient sûrement compter réduire, en agissant ainsi, leur adversaire le plus redoutable : celui de l'Ouest.

Car, malgré la facilité et la promptitude relatives avec lesquelles les formations de réserve peuvent être mises sur pied en Allemagne, il ne faut pas moins compter deux ou trois semaines avant que celles-ci puissent être opposées à un adversaire quelconque et faire figure devant l'ennemi.

C'est un minimum strictement indispensable.

Or, pendant ce laps de temps, et très rapidement peut-être, une descente anglaise peut se produire sur les côtes danoises ou même sur certains points de la mer du Nord, pour opérer une diversion, menacer Hambourg ou donner la main à l'armée danoise ; de même, une pointe hardie sur la frontière orientale avec des forces russes imposantes.

Il ne faut pas perdre de vue que, malgré les défaites de Mandchourie, et dès le commencement de 1906, la Russie avait, de nouveau, rassemblé en Pologne 213 bataillons, 219 escadrons et 584 pièces d'artillerie, troupes à effectif renforcé, toujours prêtes à marcher et destinées à être encore augmentées.

En face de pareilles éventualités, il est absolument impossible à l'état-major allemand de se soustraire à la nécessité d'immobiliser, au début d'une guerre contre la France, et pendant quelques semaines, une certaine partie de ses troupes des frontières du Nord et de l'Est, d'autant qu'une guerre contre l'Allemagne est devenue populaire en Pologne et dans les provinces baltiques depuis la politique antipolonaise à outrance de la Prusse et les excès sans nombre de la plupart des nobles de nationalité allemande — ce qui, entre parenthèses, serait un gros atout pour les Russes et un énorme facteur moral.

Et, d'ailleurs, l'artillerie et la cavalerie surtout ne s'improvisent pas ; la Vistule n'est pas les Alpes et la puissance offensive des armées russes de Pologne n'est pas à comparer à celles des troupes italiennes transalpines ; enfin, Berlin est autrement important que Lyon ou Grenoble et un peu moins inaccessible !

Il faut conséquemment défalquer de la grande armée allemande du tout premier choc les troupes actives *nécessairement* immobilisées pour observer la frontière danoise, les côtes du Nord, et surveiller l'armée russe de Pologne.

Nous allons essayer d'en faire la part aussi réduite que possible, *mais au-dessous de laquelle le territoire allemand ne serait à l'abri ni d'insulte, ni d'incursion subite, ni de véritable prise de possession.*

Une division (la 18e), stationnée en temps de paix à Flensbourg - Rendsbourg - Altona, etc., et comprenant 12 bataillons d'infanterie, 8 escadrons (actifs) de hussards et 6 batteries montées d'artillerie, peut, à la grande rigueur, sur la frontière du Nord, suffire comme division d'observation en attendant les troupes de deuxième ligne.

A l'est de l'empire, il en serait tout autrement, et vis-à-vis les rassemblements considérables de troupes russes de la frontière polonaise, les unités suivantes ne nous semblent, en aucun cas, pouvoir être déplacées avant quelques semaines, c'est-à-dire avant la concentration complète de l'armée autrichienne et l'arrivée sur la frontière même des troupes de deuxième ligne constituées :

1er corps. — 2e division : Insterburg, Gumbinnen ; 37e division : Lyck, Allenstein.

17e corps. — 35e division : Grandeuz, Thorn.

2e corps. — 4e division : Bromberg, Gnesen.

5e corps. — 10e division : Posen, Ostrowo.

6e corps. — 11e division : Breslau, Schweidnitz, Brieg.

Soit, pour les trois armes principales et comme troupes de campagne : 93 bataillons, 80 escadrons, 85 batteries, dont 10 à cheval, moins 9 de remplacement(?), 5 groupes de mitrailleuses.

Ce serait le moins que pourrait faire l'Allemagne en face des 213 bataillons, 219 escadrons et 584 canons russes dont nous parlions plus haut.

De tous ces corps frontière, resteraient donc disponibles pour être dirigées sur le Rhin (1) :

1° La 17e division du 9e corps (Schwerin, Lubeck) : 17 bataillons, 8 escadrons, 15 batteries, dont 3 d'obusiers.

(1) Nous supposons qu'en présence de la supériorité russe en cavalerie — arme qu'on improvise moins que toute autre — les divisions mobilisées pour la frontière occidentale laisseront UN de leurs régiments et au contraire seront toutes accompagnées d'un groupe de 3 batteries d'obusiers, inutiles, au début du moins, contre les Russes ; 2 batteries à cheval des 2e et 6e corps (qui en ont 3 dès le temps de paix au lieu de 2, chiffre normal) seraient également dirigées sur la frontière de France.

2° La 1re division du 1er corps (Kœnigsberg) : 12 bataillons, 4 escadrons, 9 batteries, dont 3 d'obusiers.

3° La 36e division du 17e corps (Dantzig, Eylau) : 14 bataillons, 4 escadrons, 9 batteries, dont 3 d'obusiers.

4° La 3e division du 2e corps (Stettin) : 12 bataillons, 4 escadrons, 10 batteries, dont 3 d'obusiers et une à cheval.

5° La 9e division du 5e corps (Glogau, Liegnitz) : 11 bataillons, 4 escadrons, 9 batteries, dont 3 d'obusiers.

6° La 12e division du 6e corps (Neisse, Glienitz) : 12 bataillons, 4 escadrons, 10 batteries, dont 3 d'obusiers et une à cheval.

Cela ferait 78 bataillons, 28 escadrons et 62 batteries dont 42 montées, 2 à cheval et 18 d'obusiers.

Ces 6 divisions seraient susceptibles d'être groupées en une armée de 3 corps? de faire partie de groupes d'armée différents?... ou d'être simplement rattachées à des corps d'armée déjà existants?...

Les 17 autres corps de l'armée allemande seraient concentrés tels quels, et on pourrait prévoir ainsi qu'il suit leur concentration successive :

Premiers jours de mobilisation (du 2e au 5e, selon que les premiers corps frontière attendront leur complément d'effectifs, ou marcheront aussitôt sur le pied de paix renforcé) : *16e* corps, *15e* corps, *14e* corps, *8e* corps, *2e* corps bavarois.

5e ou 6e jour de mobilisation : *18e* corps, *13e* corps, *7e* corps, *11e* corps, *3e* et *1er* corps bavarois.

6e ou 7e jour de mobilisation : 10e corps, 4e corps, 19e corps, 17e division, 3e corps, *garde*, 12e corps.

7e ou 8e jour de mobilisation : 1re, 36e, 3e, 9e et 12e divisions.

En ajoutant trois jours pour le rassemblement des divers groupes d'armée, et l'arrivée de tous les convois, parcs, services de l'arrière, etc., on peut fixer *au 12e jour* environ le moment où la grande armée germanique pourra s'ébranler pour livrer le décisif combat.

Voici quels seraient ses effectifs et sa composition, c'est-à-dire sa force matérielle :

Ordre de bataille (par ordre de concentration).

		BATAILLONS	ESCADRONS (1)	BATTERIES montées.	BATTERIES à cheval.	BATTERIES d'obusiers.	GROUPES de mitrailleuses.
du 2e au 5e jour de mobilisation.	16e corps.	23	16	18	3	3	1
	15e corps.	33	16	18	2	3	2
	14e corps.	34	20	24	1	3	2
	8e corps.	28	16	18	2	3	»
	2e bavarois	23	16	18	2	2	»
		145	84	96	10	14	5
5e ou 6e jour de mobilisation.	18e corps.	21	16	18	1	3	»
	13e corps.	25	16	18	»	3	»
	7e corps.	29	16	18	3	3	»
	11e corps.	24	12	18	2	3	»
	3e bavarois	24	11	18	»	2	»
	1er bavarois	25	16	18	»	2	1
		155	87	108	6	16	1
6e ou 7e jour de mobilisation.	10e corps.	23	16	18	2	3	»
	4e corps	22	16	18	3	3	»
	19e corps.	22	12	18	»	3	1
	17e division.	17	8	12	»	3	»
	3e corps.	23	16	18	2	3	1
	garde.	34	32	18	5	»	2
	12e corps.	21	16	18	2	3	1
		164	116	120	14	18	5
7e ou 8e jour de mobilisation.	1re division.	12	4	6	»	3	»
	36e division.	14	4	6	»	3	»
	3e division.	12	4	6	1	3	»
	9e division.	11	4	6	»	3	»
	12e division.	12	4	6	1	3	»
		61	20	30	2	15	»

(1) En supposant que les régiments de cavalerie ne mobilisent que quatre de leurs escadrons — ce qui n'est pas absolument sûr.

Au total : 525 bataillons, 307 escadrons (1), 449 batteries, dont 354 montées (2), 32 à cheval, 63 d'obusiers de campagne, 11 groupes de mitrailleuses, ? parcs de de siège.

Soit une armée de 780.000 à 800.000 rationnaires environ, avec 473.000 fusils (3), 46.000 lances, 2.316 canons de campagne à tir rapide, 378 obusiers de campagne, 66 mitrailleuses, ?? canons de siège.

Telle serait, d'ici un an ou deux, à très peu de chose près, et si nous avons la guerre d'ici là, la formidable et très redoutable armée que la France verrait se dresser contre elle, sur sa frontière Nord-Est, moins de deux semaines après l'ouverture des hostilités, avec ou sans déclaration.

Le chapitre suivant va nous apprendre ce que nous serions capables de lui opposer.

---

(1) *383* si les Allemands mobilisent leurs régiments de cavalerie à 5 escadrons.

(2) *333* si aucun des groupes de 2 ou 3 batteries montées existant dès le temps de paix n'est conservé pour les formations de réserve.

(3) En supposant — comme nous le ferons pour l'armée française — que les 145 bataillons-frontière allemands de tout premier choc ne partent qu'à effectif renforcé pour être seulement plus tard complétés à l'effectif de guerre.

CHAPITRE VI

L'ARMÉE FRANÇAISE DE PREMIER CHOC

Au 1er janvier 1907, l'infanterie française comprenait :

163 régiments de ligne,
30 bataillons de chasseurs à pied,
4 régiments de zouaves,
4 régiments de tirailleurs algériens,
2 régiments de la légion étrangère,
5 bataillons d'infanterie légère d'Afrique,
12 régiments d'infanterie coloniale (en France), répartis ainsi qu'il suit sur le territoire des 20 corps d'armée, en comptant seulement 3 bataillons par régiment (pour ceux qui en ont 4 et plus).

	Bataillons.		Bataillons.
Gouvernement de Paris...	41	11e corps.	30
1er corps.	28	12e —	24
2e —	19	13e —	18
3e —	16	Gouvernement de Lyon. .	21
4e —	15	14e corps.	25
5e —	13	15e — et Corse.	41
6e —	41	16e —	27
7e —	35	17e —	24
8e —	24	18e —	30
9e —	24	19e — (Algérie-Tunisie)	33
10e —	30	20e —	29

Soit *590* bataillons, dont 35 (ceux de chasseurs (1) et d'infanterie légère) à 6 compagnies au lieu de 4.

---

(1) Les chasseurs à pied sont en garnison : 1 dans le gouvernement de Paris, 1 dans le 1er corps, 1 dans le 2e, 5 dans le 6e, 5 dans le 7e, 5 dans le 20e, 7 dans le 14e (alpins), 5 dans le 15e (alpins).

Auxquels il faut ajouter (sans les compagnies de dépôt) :

En France :

1° *84* (1) 4es bataillons d'infanterie de ligne à 4 compagnies (dont 1 en Crète et 1 en Corse) ;

2° *21* (2) 4es bataillons d'infanterie de ligne à 2 compagnies ;

3° *4* 4es bataillons de zouaves (2 gouvernement de Paris, 2 gouvernement de Lyon) ;

En Algérie et Tunisie :

4° *4* 5es bataillons de zouaves ;

5° *12* 4es, 5es et 6es bataillons de tirailleurs algériens ;

6° *4* compagnies de fusiliers de discipline.

Ce qui donne 2.710 compagnies, *malgré les suppressions prévues de 178 compagnies pour 1907 :*

2.492 en France (contre 2.620 en Allemagne), et 218 en Algérie, Tunisie, Corse, sans les compagnies de discipline ou de dépôt, et non compris l'infanterie coloniale aux colonies.

Les effectifs sont de :

970 hommes pour les bataillons alpins ;

900 hommes en moyenne pour les autres bataillons de chasseurs ;

---

(1) 84 seront ou pourront être supprimés en 1907 (décision de principe).

(2) Tous seront ou pourront être supprimés en 1907 (décision de principe).

De sorte qu'il ne resterait plus que 50 4es bataillons tous à 4 compagnies : 12 dans le 6e corps, 10 dans le 7e, 11 dans le 14e, 9 dans le 15e, et 8 dans le 20e.

Ce serait 178 compagnies de moins et 15.000 à 16.000 hommes à verser dans les autres corps d'infanterie.

680 hommes en moyenne pour les bataillons de ligne à effectif renforcé ;

540 hommes pour ceux à effectif demi-renforcé ;

460 à 480 hommes pour les autres ;

Moins de 400 hommes pour certains 4es bataillons.

Les bataillons de la légion étrangère, de tirailleurs algériens et de zouaves ont respectivement, et en moyenne 1.000, 800 et 600 hommes.

La *cavalerie* française compte 79 régiments à l'intérieur, 6 régiments de chasseurs d'Afrique, 4 de spahis, tous à 5 escadrons, dont *1* de dépôt.

Voici leur répartition par escadrons, sur le territoire de chaque corps d'armée (sans compter le 5e escadron, comme nous l'avons fait pour l'Allemagne) :

	Escadrons.		Escadrons.
Gouvernement de Paris...	24	11e corps...............	8
1er corps.............	12	12e —	8
2e —	16	13e —	8
3e —	8	Gouvernement de Lyon..	16
4e —	12	14e corps...............	8
5e —	24	15e —	8
6e —	52	16e —	8
7e —	20	17e —	8
8e —	12	18e —	8
9e —	16	19e — (Algérie-Tunisie)	40
10e —	8	20e —	32

Soit 356 escadrons (1).

En plus : 8 compagnies de remonte.

Les effectifs des régiments de cavalerie varient entre 635 et 715 hommes, avec 695 chevaux, comme moyenne.

(1) On sait qu'il est sérieusement question de diminuer nos régiments de cavalerie — de cuirassiers et de chasseurs d'Afrique entre autres — pour former de nouvelles batteries. Mais rien n'est décidé jusqu'à présent.

Les 4 escadrons mobilisés dès les premières heures sont comptés, comme en Allemagne, à 600 hommes (150 sabres par escadron).

L'*artillerie* de campagne comprend 40 régiments ; en comptant ceux de l'artillerie coloniale : 43 ; formant en tout *522* batteries dont *450* montées, 52 à cheval et 20 de montagne (non compris 5 batteries montées prévues, mais non encore formées (1), mais y compris les 3 batteries de l'école pratique).

En attendant une réorganisation à l'étude et sur le point d'aboutir, réorganisation qui modifiera complètement les formations actuelles et portera surtout sur la création des batteries lourdes et des groupes de mitrailleuse

Les 522 batteries existantes le 1er janvier 1907 sont ainsi réparties sur les territoires de corps d'armée :

	Batteries		montées	à cheval	de montagne
Gouvernement de Paris..... (artillerie du 3e corps et 19e brigade)	45	dont	37	8	»
1er corps.....................	23	—	21	2	»
2e corps.....................	23	—	21	2	»
4e corps.....................	23	—	21	2	»
5e corps.....................	27	—	23	4	»
6e corps.....................	32	—	24	8	»
7e corps.....................	31	—	27	4	»
8e corps.....................	23	—	21	2	»
9e corps.....................	26	—	24	2	»
10e corps.....................	30	—	3 du cours pratique 26 dont 3 coloniales	2	2 coloniales
11e corps.....................	28	—	24 dont 3 coloniales	2	2 coloniales
12e corps.....................	23	—	21	2	»
13e corps.....................	23	—	21	2	»
Gouvernement de Lyon.....	4	—	2	2	»
A reporter...	361		313	44	4

(1) 4 pour l'artillerie coloniale et 1 pour l'artillerie de terre à Nîmes.

	batteries		montées	à cheval	de montagne
Report......	361	dont	313	44	4
14e corps....................	28	—	20	»	8
15e corps et Corse...........	29	—	21 dont 8 coloniales	»	8 dont 8 coloniales
16e corps....................	23	—	21	2	»
17e corps....................	23	—	21	2	»
18e corps....................	23	—	21	2	»
19e corps (Algérie et Tunisie)	15	—	15	»	»
20e corps....................	20	—	18	2	»
	522		450	52	20

Les effectifs sont de 90 à 100 hommes par batterie avec *60* chevaux en moyenne.

Dans les batteries à effectifs renforcés, de 160 à 170 hommes, avec 90 et 120 chevaux.

Comme on a pu le constater par les tableaux précédents, et au contraire de ce qui existe en Allemagne, grand nombre de corps de troupes français stationnent sur un territoire autre que celui de la région du corps d'armée dont ils relèvent, notamment certaines unités des 2e, 3e, 4e, 5e, 13e et 14e corps et des troupes coloniales qui forment la garnison des gouvernements de Paris et de Lyon.

Sur sa frontière *Nord-Est*, la France a massé les troupes suivantes (1) :

En *infanterie* (sans les 4es bataillons) :

41 bataillons du 6e corps.
35 — 7e —
24 — 8e —
29 — 20e —

Soit 129 bataillons, dont 24, il est vrai (6 du 7e corps

(1) Nous en donnerons plus loin les garnisons détaillées dans des tableaux comparatifs avec les garnisons allemandes de la frontière. Le lecteur les trouvera aussi suggestifs qu'intéressants.

et 18 du 8e corps) un peu éloignés de la véritable zone frontière (1).

En *cavalerie :*

52 escadrons	(actifs)	sur le	territoire du	6e	corps.
20	—	—	—	7e	—
12	—	—	—	8e	—
32	—	—	—	20e	—

Soit **116** escadrons qui, tous, peuvent être considérés comme sur la zone frontière immédiate.

En *artillerie :*

32 batteries	du	6e	corps.
31	—	7e	—
23	—	8e	—
20	—	20e	—

Soit **106** batteries, dont 16 à cheval ; mais 17 d'entre elles (15 montées et 2 à cheval à Bourges) sont hors de la véritable zone frontière.

× ×

Tout le monde connaît notre situation territoriale vis-à-vis de l'Italie.

Tout le monde sait que, le voulût-elle, cette nation ne pourrait apporter à l'Allemagne le concours effectif de ses armées, par les Alpes, que de juin à octobre, et

(1) Ce qui réduit à 105 le nombre de nos bataillons-frontière, en face des 180 bataillons allemands. Il est vrai que 15 de nos bataillons ont 6 compagnies (ceux des chasseurs), ce qui donne 450 compagnies d'infanterie française contre 520 compagnies d'infanterie allemande.

Avec les 4es bataillons, nos compagnies d'infanterie réunies sur la zone frontière font un total de 574, soit 54 de plus que les Allemands.

Combien de Français le savent?

un concours très relatif puisque, même en été, les ravitaillements sont presque impossibles à cause de l'épaisseur du versant français (80 à 100 kilomètres), et que, la défense de cette région étant très aisée, il y est relativement facile d'user r. u adversaire ; de faire, en tout cas, une guerre de temporisation avec peu de troupes et jusqu'à conclusion des grands chocs définitifs de Lorraine ou de Belgique.

Il faut penser également, comme nous l'avons dit, que l'Italie est le pays de Machiavel (le dernier discours de Tittoni le prouve une fois de plus) ; que les sentiments populaires envers la France y sont actuellement très sympathiques (le chancelier de Bulow le proclamait lui-même au reichstag, le 14 novembre dernier), et que, pour d'autres raisons encore, on préférera attendre un peu les premiers résultats du conflit franco-allemand avant de s'engager à fond. On arguera, si c'est nécessaire, une lenteur inévitable de mobilisation..., un rendement insuffisant des voies ferrées..., la pénurie des bêtes de selle ou de trait..., etc., etc., sans compter la nécessité de préserver un littoral très étendu contre bombardements ou débarquements éventuels!!

Bismarck et l'état-major allemand avaient si bien compris ce double jeu de l'Italie que, du temps où Crispi tenait le pouvoir, ils avaient cherché à lancer contre nous les Italiens *les premiers* pour les engager sans retour.

Admettons cependant — malgré le terrible danger de voir l'Angleterre même se tourner contre elle — admettons que l'Italie, observatrice fidèle, voire zélée du pacte de la triple alliance, fasse contre nous la diversion souhaitée ; il ne lui faudrait pas moins de trois semaines pour réunir 6 ou 7 corps, le long de notre frontière de 250 kilomètres, en supposant qu'elle n'en garde pas plus de 4 ou 5 pour la défense de ses côtes de la Sardaigne, de la Sicile et de sa capitale, et pour faire, en outre, par le Brenner ou la Suisse, l'appoint convenu et nécessaire à l'aile gauche allemande destinée à marcher sur Besançon.

Ce chiffre de 6 ou 7 corps est, en tout cas, l'effort maximum considéré comme probable par les écrivains allemands qui ont traité la question et que fixait, tout récemment, un article du *Berliner Tageblatt*, lequel journal s'attira même, à ce propos, une verte réplique de la *Lega navale* italienne.

Eugène Ténot, qui écrivit autrefois des articles si appréciés sur ce même sujet, prétendait que « pendant trois semaines ou même un mois nous n'aurions devant nous, sur la crête des Alpes, que des alpins italiens ».

D'autres auteurs ont parlé d'une poussée offensive devant se faire entre le 10ᵉ ou 12ᵉ jour sur notre frontière, avec 4 corps d'armée et les alpins.

Mais tous sont d'accord sur ce point, à savoir : que les Italiens feront prématurément de l'offensive, peut-être, mais alors en petit nombre, sans vouloir et sans pouvoir la pousser à fond, ou qu'ils ne nous attaqueront sérieusement qu'après avoir réuni des forces imposantes et, dans cette hypothèse — la plus probable — ils ne pourront rien entreprendre de sérieux avant trois ou quatre semaines.

Dans les deux cas, nous aurons tout le temps de préparer une défensive énergique, mais surtout de régler le différend dans un sens ou dans l'autre sur le principal théâtre des opérations.

Si, par malheur, dans les vues de notre état-major, désireux d'empêcher à tout prix une violation de notre frontière Sud-Est, résolu à punir de son audace l'agresseur italien, il entrait la fallacieuse et funeste conception de retenir le long des Alpes, pour cette tâche, des troupes d'élite, si utiles sur d'autres champs de bataille, ce serait de l'aberration, ce serait de la folie, une folie irréparable, hélas!

Nous serions bien avancés, en vérité, si, comme conséquence de cette erreur mortelle peut-être, nous remportions une grande victoire sur les armées italiennes! bien avancés si, en même temps, nous subissions dans le Nord-Est une défaite irrémédiable, et si les armées allemandes campaient de nouveau sous les murs de Paris!!

Qu'on suppose, au contraire, une grande victoire contre la principale armée allemande : les Italiens, quels qu'aient pu être leurs succès jusque-là, auraient tôt fait de s'arrêter ou même de repasser la frontière...

Et puisque les raisons les plus puissantes, les intérêts les plus impérieux de conservation nationale nous l'imposent, c'est la *défensive*, la *défensive* seule qui doit être organisée dans le sud-est de la France et présider à notre compréhension du péril de mort de notre Patrie, à la conception primordiale et à l'établissement de notre plan général de guerre et de défense nationale.

D'autres l'ont dit avant nous et nous ne nous lasserons pas de le répéter :

Toutes nos forces disponibles, toutes nos troupes d'élite doivent, dès la première heure du danger, être concentrées sur la frontière allemande.

Berwick en 1720, et Catinat et Villars ne l'avaient-ils pas déjà compris?

Et Napoléon, Clausewitz et tant d'autres, n'ont-ils pas érigé cette méthode en principes de guerre indiscutés : « Contre plusieurs adversaires, tout faire pour battre le plus puissant... les autres sont ensuite à notre merci... *Frapper à la tête...* »

Si les Autrichiens l'avaient compris en 1866, il n'y aurait pas eu Sadowa. Nous n'aurions pas subi Sedan et l'empire allemand n'existerait point.

Ne tombons pas dans une pareille et aussi déplorable erreur ; sachons établir l'harmonie entre les deux préparations de guerre au nord-est et au sud-est, les proportionner au péril et au dénouement ; conséquemment traduire par des décisions conformes et des actes ce que notre esprit conçoit si facilement.

Il faut détourner nos préoccupations de l'ennemi secondaire, et *ne penser qu'à l'ennemi principal, le regard hypnotisé du côté des Vosges.*

Ne jamais perdre de vue que la défaite de l'Allemagne réglera tout, et que sa victoire annulerait tous nos succès sur ses alliés.

C'est une vérité militaire que, lorsque la principale armée de l'ennemi a été battue, les autres ne peuvent modifier l'inévitable résultat.

C'est une vérité politique que, dans une coalition, quand la tête est frappée, les autres membres ne sont pas redoutables.

Nous étonnerons certainement grand nombre de lecteurs en leur disant que *500.000 à 600.000 hommes exercés*, susceptibles d'être appelés en cas de mobilisation générale, c'est-à-dire âgés de moins de 46 ans, habitent les 14ᵉ et 15ᵉ régions de corps d'armée !

Et, cependant, cela est un fait *indiscutable.*

A qui fera-t-on croire qu'il ne sera pas possible, *en un mois*, d'organiser, avec de pareils éléments, une défense assez efficace contre 150.000, 200.000 et même 300.000 Italiens ?

Qui oserait le prétendre ?

Supposons, pour donner plus de poids à la thèse que nous soutenons, que les 14e et 15e corps d'armée, la brigade régionale de Lyon, les alpins, les troupes coloniales de Toulon, soient envoyés à la frontière de Lorraine : il n'en resterait pas moins, *outre* les troupes de forteresse (4es bataillons et artillerie à pied du temps de paix pour occuper les forts dès la première heure de la déclaration de guerre), la possibilité de mettre sur pied, en quelques jours, comme *troupes de campagne :*

12 bataillons de chasseurs alpins de réserve (1), 48 bataillons d'infanterie de ligne, (16 régiments de réserve) ; puis, entre les 12e et 15e jours : 7 bataillons territoriaux de chasseurs alpins, 75 à 80 bataillons d'infanterie territoriale (les cadres en existent), soit *140.000 à 150.000* fantassins organisés, non compris : douaniers, forestiers, coloniaux, fusiliers marins, troupes de remplacement ; de dépôts (encore 150.000 à 200.000 hommes), *sans parler des autres armes.*

Qui pensera que ces 600.000 Français, même médiocrement encadrés si l'on veut, mal soudés, peu entraînés, seront incapables d'offrir une résistance sérieuse à 200.000 ou 300.000 Italiens ?

Cela serait-il, d'ailleurs, qu'il s'écoulerait encore bien deux ou trois mois avant que les Italiens, vainqueurs, puissent mettre le siège devant Grenoble et Lyon, et *le sort de la France serait déjà décidé ailleurs.*

Conclusion : — Quand sonnera l'heure fatale de la grande prise d'armes, dès la 1re journée, les 12 bataillons alpins, à l'effectif de 800 hommes, en 4 compagnies

---

(1) Les bataillons alpins partiraient pour les Vosges à 4 compagnies en laissant 2 compagnies *comme noyau* du bataillon de réserve.

(sur 970 hommes et 6 compagnies) (1) devront être dirigés sur les Vosges avec leurs batteries de montagne.

Trois ou quatre jours après, dès achèvement de leur mobilisation, devront également être envoyées sur la frontière Nord-Est TOUTES LES TROUPES DE CAMPAGNE DE PREMIÈRE LIGNE DES 14ᵉ ET 15ᵉ RÉGIONS.

× ×

Il y a quinze ans déjà, de Miribel, le chef d'état-major général de notre armée, le meilleur peut-être que nous ayons eu depuis nos désastres, s'exprimait ainsi dans une conférence-causerie faite à l'Ecole de guerre :

« Il est indispensable que le corps d'armée d'Algérie soit immédiatement appelé à la frontière.

» Il le faut à tout prix.

» Le mélange de ce corps avec nos divisions de l'Est nous est une garantie, *suivant moi*, si grande que je fais entrer le 19ᵉ corps en première ligne dans nos projets d'opérations. Nous avons là des troupes, pas supérieures peut-être comme instruction à nos régiments de Lorraine et des Vosges, mais qui, par leur composition et surtout l'esprit de tradition, nous donneront, en s'engageant à plein collier, cette disposition morale si utile au début d'une campagne.

» Sans doute on objectera qu'en 1870 elles étaient à l'avant-garde et ont dû cependant céder ; mais les situations ne sont plus les mêmes, et j'estime qu'il nous faut au début d'une guerre, aujourd'hui plus que jamais, un coup de force heureux, ou seulement demi-

(1) De même, les 3 bataillons de chasseurs à pied de Lille, Amiens et Vincennes.

heureux, pour entraîner les masses qui se grouperont en arrière de notre ligne frontière.

» Les zouaves, les turcos, la légion étrangère formée d'Alsaciens-Lorrains, avec nos régiments si entraînés de l'Est, nous fourniront ce coup de force, ou, tout au moins, ce sera dans notre jeu un atout à ne pas négliger. »

Et, comme on lui objectait la question de transport et de la traversée devant la flotte et peut-être les flottes ennemies — l'entente cordiale n'était pas encore conclue — il déclarait haut et ferme qu'il ne doutait pas que ce transport ne fût beaucoup plus facile qu'on ne croyait, et que ce ne serait pas la peine d'entretenir une si belle escadre dans la Méditerranée si elle ne pouvait nous rendre le service de convoyer pendant trente-six heures nos transports chargés de soldats.

« Ce sont les régiments qu'il nous faut, disait-il ; quant à leur matériel, il importe peu, nous leur en ferons rapidement une fois que nous les aurons sous la main. »

Combien avait raison le général de Miribel !

Avec sa lucidité d'esprit habituelle, ne montrait-il pas ainsi le plan de guerre le plus sûr et le plus fertile en résultats, celui qu'avaient mûri ses études incessantes, sa clairvoyance remarquable et sa saine compréhension des nécessités de la guerre future.

Quel admirable outil pour une attaque brusquée ou un sérieux coup de boutoir que cette cohorte irrésistible de 27 bataillons, constamment d'un effectif voisin du pied de guerre, composés conséquemment de soldats bien soudés entre eux, magnifiquement encadrés, vaillants, éprouvés, doués d'un esprit de corps merveilleux.

Et que pourrait-on objecter à pareille mesure ?

Que leur départ laisserait le nord de l'Afrique bien dégarni, exposé aux insurrections?

Ce serait enfantin puisque, sur le territoire du 19e corps, habitent en tout temps 50.000 à 60.000 réservistes ou territoriaux mobilisables, et que, même après le départ des 27 bataillons susdésignés, pour ne parler que de l'infanterie, il en resterait encore à peu près le même nombre : 12 bataillons de turcos, 4 de zouaves, 5 bataillons d'Afrique, 3 de la légion étrangère, avec les compagnies de dépôt et de discipline... non compris les formations territoriales prévues — soit davantage de régiments et beaucoup plus d'hommes qu'avant même la déclaration de guerre.

Avec ces 80.000 à 100.000 hommes sous les armes et le développement actuel des chemins de fer algériens et tunisiens, une insurrection serait vite réprimée.

Et, d'ailleurs, ne devons-nous pas toujours revenir à l'argument suprême?

Qu'importeraient des insurrections, même triomphantes, avec l'écrasement de l'Allemagne? Et, au contraire, si la France, vaincue, râlait sous la botte de l'insolent kaiser, à quoi nous servirait d'avoir immobilisé, en Afrique, d'admirables et nombreux soldats sous prétexte de sécurité?

Belle avance, vraiment!

Et, avec la défaite, ne sera-ce pas la perte de *toutes nos colonies, y compris celles de l'Afrique du Nord*, si l'exige l'inexorable vainqueur?

Conclusion : — Dès la période de tension politique, préparer notre flotte et nos paquebots (réquisitionnés si besoin est) et, douze ou vingt-quatre heures après la déclaration de guerre, embarquer, dans les cinq ou six grands ports de notre colonie africaine : 12 bataillons de *zouaves*, *12* bataillons de *turcos*, *3* bataillons de la *légion étrangère* (les premiers à 640 fusils ; les autres à 800 et même 1.000), *16* escadrons de *chasseurs d'Afrique*.

Ces 22.000 à 23.000 hommes, dont 20.000 d'infanterie, seront à Marseille trente-six heures après ; à la frontière, vers le 3e ou le 4e jour ; prêts à marcher à l'ennemi, le 5e ou le 6e jour de mobilisation.

On laisserait ainsi en Algérie près de la moitié de l'infanterie du temps de paix, les 3/5 de la cavalerie et toute l'artillerie et les services auxiliaires.

× ×

Dans le cas d'une grande guerre continentale comme celle qui nous mettra aux prises avec l'Allemagne, il serait insensé d'admettre un instant que les troupes coloniales stationnées en France seront *réservées* pour la défense des côtes ou destinées à des débarquements éventuels sur le territoire ennemi. Et il est si vrai qu'en haut lieu on n'y songe pas, qu'une partie de ces troupes tient déjà garnison à Paris, et qu'il est question de les rapprocher davantage encore de nos frontières terrestres.

D'autre part, il serait tellement irraisonnable de faire de cette troupe d'élite, composée de soldats chevronnés et d'officiers ayant presque tous fait campagne aux colonies, une force de deuxième ligne, alors qu'il serait si rationnel de la faire participer à la formation de notre réseau de couverture ou de notre armée de rupture et de tout premier choc, que cette éventualité n'est pas à prévoir.

Immobiliser comme à plaisir, inutiliser une pareille

force alors que nulle mieux qu'elle ne serait capable de faire un coup de main ou de parer à une irruption soudaine de l'ennemi en donnant la riposte, serait coupable jusqu'à l'incurie, jusqu'à la trahison, nul besoin, nulle raison ne l'exigeant.

« Quand la partie décisive s'ouvrira », disait, il y a peu de temps, un officier général connaissant à fond ces vaillantes troupes », pendant ce vaste cambriolage de la frontière, qu'on essaye de se figurer l'importance décisive de l'intervention d'un corps d'armée de vétérans, aujourd'hui uniques dans les armées européennes, quittant ses quartiers quatre heures après la réception de l'ordre de mobilisation, sans parler de l'assurance et de la force morale que donnera à nos jeunes contingents si impressionnables l'appoint de vieilles troupes ayant vu le feu, conduites par des officiers jeunes, entreprenants, familiarisés par leur vie errante avec toutes les difficultés, et de la terreur qu'elles jetteront chez l'ennemi.

» L'infanterie coloniale compte aujourd'hui 12 régiments en France. En maintenant ses effectifs à un niveau raisonnable, chaque régiment peut avoir, en tout temps, 2 bataillons de 600 hommes aguerris, prêts à marcher, soit 24 bataillons (1), exactement le nombre d'unités similaires d'un corps d'armée.

» Disons, en passant, que l'incorporation de réservistes dans ces régiments aurait pour effet de diminuer considérablement la valeur de la troupe et empêcherait celle-ci d'être prête à marcher à toute heure.

---

(1) Dût-on pour cela, et pour pouvoir porter à 640 hommes 2 bataillons des 12 régiments dès le temps de paix, réduire à l'état de squelette le 3e bataillon de chacun de ces régiments, si la faiblesse des effectifs l'exigeait.

» Nous manquons de troupes d'*élite* et de *choc*, et nous n'emploierions pas à ce rôle de vieille garde ces vigoureux bataillons coloniaux stationnés en Europe et qui nous coûtent si cher! Ou, tyrannisés par le sentiment de l'uniformité à outrance, nous leur enlèverions leurs qualités en les amalgamant avec des réservistes!

» Mais je suis certain qu'il aura suffi de signaler de pareilles ressources encore dans l'oubli, pour que ceux qui assument la lourde responsabilité de notre sécurité nationale se préoccupent sans délai de la question. »

Tous les militaires avisés et instruits, tous ceux qui ont charge de notre sécurité, pensent comme cet officier général, et nous sommes bien tranquille à cet égard.

Conclusion : — A la première alerte, l'infanterie coloniale, digne fille de l'infanterie de marine de la défense de Bazeilles, sera sur la frontière lorraine, à la rencontre des fantassins de Metz, dont font partie 6 bataillons du 2e corps bavarois, avec lesquels elle a un compte à régler depuis le 1er septembre 1870.

× ×

Depuis douze ans, l'Allemagne a renoncé à ses 4es demi-bataillons : formations de guerre défensive, de forteresse ou de campagne de deuxième ligne, pour les tranformer en bataillons ou régiments de première ligne ; ce qui, une fois de plus, indique bien — elle ne s'en est d'ailleurs pas cachée — son intention exclusive et formelle *d'offensive stratégique* puissante.

Tout, en effet, dans sa préparation à la guerre, est sacrifié à ce but.

On peut même se demander si, dans le cas d'une attaque française brusquée, l'Allemagne se trouverait en bien bonne posture et bien flattée de se voir l'obligation d'enfermer dans Metz et Strasbourg ses meilleurs bataillons d'infanterie. Mais là n'est pas la question, pour le moment du moins.

En France, au contraire, nous avons conservé l'organisation des 4es bataillons, et, même si les suppressions prévues pour 1907 sont complètement réalisées, le nombre de ces bataillons sera encore de *50* au moins.

Malgré l'exemple des Allemands, nous admettons bien qu'on conserve un certain nombre de ces bataillons.

Mais pourquoi ne pas prévoir pour eux un autre rôle que celui qui paraît — nous disons : qui paraît — leur être exclusivement dévolu dans l'état actuel : celui d'occuper les camps retranchés de nos frontières?

Dans le cas d'offensive préméditée et mise à exécution, comme dans le cas de succès au début, il est impossible, en effet, qu'on voue à l'inaction absolue ou à un emploi tardif des bataillons qui, en première ligne sinon en avant-garde, pourraient rendre les mêmes services que les autres formations du temps de paix.

Il est inadmissible qu'un rôle éventuel autre que celui de troupes de forteresse ne leur soit pas d'ores et déjà assigné et cela est inadmissible surtout parce qu'on perdrait ainsi, comme à plaisir, le bénéfice d'avoir dès le temps de paix ces bataillons organisés à l'avance et la supériorité que cette situation peut nous procurer.

Nous ne doutons pas, d'ailleurs, que les dispositions les plus judicieuses ne soient prises, à ce sujet, depuis longtemps déjà.

Voici, quant à nous, les mesures que nous préconisons, et l'utilisation qui nous semblerait la plus rationnelle :

36 4es bataillons des régions du Nord et de l'Est (on ne toucherait pas à ceux du Sud-Est) seraient désignés d'avance pour former *12 régiments* destinés à prendre *lieu* et *place* de *12* régiments subdivisionnaires, dont ils recevraient d'ailleurs les réservistes de complément. Ces bataillons ne quitteraient leur poste de sentinelles avancées qu'après l'arrivée des régiments de réserve ou de territoriaux devant les remplacer eux-mêmes et constituer la garnison des places fortes frontières ; et, *formées en 12 régiments*, se substitueraient dans 12 corps d'armée (un par corps) à 12 régiments subdivisionnaires dont ils prendraient l'ordre de bataille.

Quant à ces derniers, ils seraient également désignés d'avance dans les 12 corps suivants (un régiment par corps) : 2e, 3e, 4e, 5e, 9e, 10e, 11e, 12e, 13e, 16e, 17e et 18e corps, parmi ceux des grandes villes, à voie ferrée rapide. Toujours maintenus sur un effectif renforcé, bien encadrés et entraînés, ces régiments seraient en tout temps prêts à quitter leurs casernements six à douze heures après l'ordre de mobilisation, pour pouvoir être rendus à la frontière quinze à vingt heures après, y renforcer les troupes de couverture, participer au tout premier choc et permettre l'offensive stratégique.

Chacun des 12 corps indiqués plus haut verrait de la sorte, il est vrai, son infanterie réduite à 21 bataillons ; mais cette diminution serait plus apparente que réelle et ne durerait que les périodes de mobilisation et de concentration, c'est-à-dire juste le temps de gagner la ligne frontière puisque, à ce moment, rallieraient les 3 bataillons de remplacement formés en régiment de marche.

Il serait excessif de soutenir que, dans un corps d'armée, 24 bataillons formés en régiments dès le temps de paix seraient sensiblement supérieurs à 24 autres dont 3 auraient été groupés, seulement à la dernière heure, toutes choses égales d'ailleurs.

Mais, même en admettant une qualité moindre, que serait cette minime atténuation de force en regard de l'appoint précieux, du renfort considérable qu'apporteraient à l'armée du grand choc initial, du choc d'avant-garde et d'avant-concentration, ces 12 régiments formés de soldats bien entraînés, quelque peu triés, bien cousus ensemble, jeunes, alertes, vigoureux, parfaitement encadrés ?

Avec les deux régiments de la brigade régionale de Lyon et ceux de Dijon - Auxonne, nous obtiendrions ainsi *48* bataillons de ligne, puissants, bien en main, mobilisables dès la première heure, tels quels, sans l'amoindrissement fatal inhérent à l'appel des réservistes, tout au moins pour les premiers jours, et cela, redisons-le, sans diminution appréciable de la valeur des bataillons de première ligne des corps d'armée.

Nous savons bien que ces bataillons, on pourrait les utiliser autrement et... plus tard... ; mais *plus tard*, ce serait peut-être pour réparer le désastre irréparable ; ce serait... *trop tard.*

Nous indiquons une solution pour l'utilisation immédiate, sans prétendre, certes, qu'elle est la meilleure, simplement pour prouver que, parmi beaucoup d'autres, sans doute, il est au moins une combinaison simple, sans danger, permettant d'atténuer la faiblesse de notre réseau de couverture, faciliter de plus grandes tâches, et faire, en tout cas, que nous puissions nous rendre favorables les premiers combats, puisque de leur issue doit dépendre le sort de la campagne.

× ×

Nous devons ici faire une remarque essentielle, une observation d'importance capitale pour la valeur de notre argumentation et la portée de notre thèse.

Cette observation, la voici :

Pour répondre à toute mesure consistant à envoyer à la frontière, dès les premières heures, des formations du pied de paix, telles quelles, sur effectif budgétaire, et sans réservistes, l'Allemagne pourra toujours, objectera-t-on, répondre par des mesures analogues.

A l'envoi des troupes alpines ou coloniales, par exemple, elle pourrait, à la rigueur, riposter par l'envoi de la *garde* ou d'autres corps !

A cette objection, nous répondrons : Oui, elle le pourrait ; mais — ajouterons-nous — que ferait l'Allemagne pour répondre à l'envoi immédiat à la frontière des 36 bataillons français dont nous parlions tout à l'heure, sans amoindrir d'autant, non pas ses formations de deuxième ligne, comme nous, mais ses forces de première ligne et la composition de ses corps d'armée ?

C'est donc là que se marque son impuissance à faire aussi bien que nous, et c'est là, si nous savons l'y chercher, que peut et doit se trouver notre supériorité numérique.

Nous avons le moyen facile et inimitable, grâce à nos 4es bataillons, d'accroître très sensiblement notre puissance de premier choc.

La question n'est pas de savoir si nous pourrons toujours le faire. Nous ne prétendons pas supputer les chances et la valeur d'avenir des armées française et allemande, des armées prochaines ou lointaines ; nous disséquons les armées *actuelles*, et les prenons ce qu'elles sont présentement et non ce qu'elles pourront devenir un jour ; nous essayons de dégager ce qu'on en pourrait faire, sans perdre de vue que tout dépendra du premier choc, sans oublier non plus qu'on doit éviter de faire ce que désire l'adversaire tout autant que le champ de bataille qu'il a préparé. *L'état-major allemand veut et croit nous contraindre à la défensive*, FAISONS DE L'OFFENSIVE.

L'armée allemande est mal préparée à nous recevoir, FONÇONS SUR ELLE.

× ×

En France, chaque brigade d'artillerie entretient, généralement, dès le temps de paix, *23* batteries, dont *3* destinées aux formations de réserve.

De même, en Allemagne, dans presque tous les corps d'armée, un groupe de 3 batteries, devant on non se dédoubler, est regardé comme noyau d'artillerie pour formations de réserve.

Certains auteurs, et non des moins autorisés, prétendent que l'Allemagne compte bien mettre en ligne toutes ses batteries organisées du temps de paix.

Nous croyons la chose bien invraisemblable ; mais, enfin, si cela était, dans quelle infériorité ne nous trouverions-nous pas, et quels ne seraient pas nos regrets si nous n'en avions pas fait autant ?

Sans la transformation complète de l'artillerie allemande, cela ne serait pas de si grande importance ; mais, avec cette transformation entièrement effectuée — ce qu'il faut considérer comme prochain — ne perdrionsnous pas le bénéfice de toute notre avance, et plus encore ?

Et combien seraient différentes les conditions du combat ou les conséquences de la victoire comme de la défaite !

En présence d'aussi redoutables aléas, ne devrions-nous pas mobiliser en première ligne toutes nos batteries organisées, même — et surtout peut-être — si les Allemands ne devaient pas le faire ?

Toujours, nous répéterons le même refrain : si nous sommes *vaincus* dans les premières rencontres, qu'empêcheront nos formations, *nos batteries de réserve ?*

Si nous sommes *vainqueurs*, que pèseront, devant nous, les formations de réserve allemandes ?

Dans les deux cas : *rien*.

Les nôtres, comme les leurs, seront impuissantes, et ne feront que retarder la défaite finale.

Conclusion. — Ce sont donc *toutes* nos batteries qui doivent entrer en ligne, et, après avoir réservé ce qui revient à nos corps d'armée, c'est non pas APRÈS, mais AVANT leur mobilisation achevée, que doivent partir pour la frontière les 3 batteries de formations de réserve ou éventuelles, quelques heures après l'ordre de mobilisation, *pourvu* qu'elles aient sur pied de *paix* un effectif renforcé, qu'elles soient désignées d'avance et prêtes à toute heure.

Et qu'on ne vienne pas dire que l'organisation et l'exécution d'une semblable mesure, en privant chacune des autres batteries de la brigade de 7 ou 8 hommes et de 4 ou 5 chevaux, les affaibliraient dangereusement, car ce serait une objection trop piteuse pour valoir qu'on s'y arrête.

Adversaire résolu de cette fausse conception des innombrables réserves arrivant — et dans quel état! — après la bataille et pour réparer (?) la défaite, nous préconisons cette mesure de *salut national;* de même que nous avons prôné l'utilisation immédiate de 36 bataillons... réserve.

Sauf dans les brigades d'artillerie des 6e, 7e, 14e, 15e, 20e corps, *dans toutes les autres seraient, en tout temps, prêts à partir, un groupe de trois batteries montées et une batterie à cheval* (1).

Tel est, à nos yeux, pour le but que nous voudrions voir poursuivre sans répit et atteindre au plus tôt, la meilleure utilisation de nos ressources en artillerie pour la période initiale du suprême conflit.

× ×

Dans ces conditions et les prévisions que nous venons d'indiquer, on pourrait établir ainsi qu'il suit la concentration successive des divers corps :

Premiers jours de mobilisation (du 2e au 5e jour, selon que les premiers corps frontière attendront leur complément d'effectifs ou marcheront aussitôt sur leur pied de paix renforcé) : 6e corps, 7e corps, 20e corps ; 21e corps (3 divisions d'infanterie de ligne et 3 bataillons de chasseurs : Lille, Amiens, Vincennes) ; 22e corps (3 divisions : 2 d'infanterie coloniale, 24 bataillons ; 1 d'infanterie de ligne, brigade Dijon - Auxonne, brigade régionale de Lyon) ; chasseurs alpins ; 19e corps.

5e ou 6e jour de mobilisation : 1er corps, 2e corps, 5e corps, 8e corps.

---

(1) Dans les mêmes conditions la 19e brigade tiendrait prêtes 4 batteries à cheval; le régiment d'artillerie coloniale : 3 batteries montées et le groupe de l'école pratique ses 3 batteries.

6e ou 7e jour de mobilisation : 3e corps, 4e corps, 9e corps, 13e corps, 14e corps.

7e ou 8e jour de mobilisation : 10e corps, 11e corps, 12e corps, 16e corps, 15e corps.

8e ou 9e jour de mobilisation : 18e corps, 17e corps, 23e corps (1 division infanterie coloniale : 12 bataillons ; 1 division de zouaves : 12 bataillons, groupe de Paris, groupe de Lyon).

(Les 5es et 6es compagnies de chaque bataillon de chasseurs, non parties dès les premières heures, recevraient les réservistes et formeraient par dédoublement un bataillon de réserve de chasseurs, dont on doterait chacun des corps n'en ayant pas. Chaque bataillon de zouaves de Paris et de Lyon formerait un régiment.)

En ajoutant les trois jours nécessaires pour le rassemblement des divers groupes d'armée, et l'arrivée de tous les convois, parcs, services de l'arrière, on peut fixer au 12e jour environ la date où il sera possible à toute l'armée française de se mesurer avec l'ennemi ou même de se porter à sa rencontre.

Voici quels seraient ses effectifs et sa composition, c'est-à-dire sa force matérielle :

Ordre de bataille (par ordre de concentration).

		BATAILLONS	BATTERIES montées.	BATTERIES à cheval.	BATTERIES de montagne.
du 2e au 5e jour de mobilisation.	6e corps.....	41	24	2 (1)	»
	7e corps.....	35	24	2 (1)	»
	20e corps.....	29	18	»	»
	21e corps.....	39	24	1	»
	22e corps.....	36	»	1	»
	Alpins.	12	24	»	12
	19e corps... .	27	12	»	»
		219	126	6	12
8 divisions de cavalerie indépendante = 150 escadrons, 16 batteries à cheval. 8 autres de nouvelle formation = (5 à 6 rég. + 2 à 5 rég. + 1 à 4 rég.) chasseurs d'Afrique. 176 escadrons, 16 batteries à cheval.					
5e ou 6e jour de mobilisation.	1er corps.....	25 (2)	18	1	»
	2e corps.....	25 (2)	18	1	»
	5e corps.....	25 (2)	18	1	»
	8e corps.....	25(2)(3)	18	1	»
		100	72	4	»
6e ou 7e jour de mobilisation.	3e corps.....	25 (2)	18	1	»
	4e corps	25 (2)	18	1	»
	9e corps.....	25 (2)	18	1	»
	13e corps.....	25 (2)	18	1	»
	14e corps.....	25 (2)	12	»	»
		125	84	4	»
7e ou 8e jour de mobilisation.	10e corps.....	25 (2)	18	1	»
	11e corps.....	25 (2)	18	1	»
	12e corps,....	25 (2)	18	1	»
	16e corps.....	25 (2)	18	1	»
	15e corps.....	25 (2)	12	»	»
		125 (2)	84	4	»
8e ou 9e jour de mobilisation.	18e corps.....	25 (2)	18	1	»
	17e corps.....	25 (2)	18	1	»
	23e corps.....	26 (4)	12 (5)	»	»
		76	48	2	»

(1) Dont *une* pourrait être versée aux 20e et 19e corps.
(2) Dont *un* de chasseurs de réserve.
(3) La brigade Dijon-Auxonne remplacée par les régiments de Maubeuge-Briançon ou six 4es bataillons.
(4) Dont *deux* de chasseurs de réserve.
(5) Provenant de l'artillerie coloniale et des 14e et 15e corps.

Au total : 645 bataillons, 332 escadrons, 478 batteries (dont 414 montées, 52 à cheval, 12 de montagne), ?? batteries lourdes de campagne, ?? groupes de mitrailleuses, ?? parcs de siège.

Soit une armée de 930.000 à 940.000 rationnaires environ, avec 574.000 fusils (1), 50.000 sabres, 1.912 canons de campagne à tir rapide (en supposant toutes les batteries à 4 pièces, y compris celles à cheval.

Telle serait, d'ici un an ou deux, à très peu de choses près, et si nous avons la guerre d'ici là, l'armée française de premier choc susceptible de se dresser contre l'Allemagne, d'être conduite à pied d'œuvre le 8e ou le 9e jour de mobilisation et de marcher au combat moins de deux semaines après l'explosion des hostilités, contre la grande armée germanique que nous connaissons.

Une comparaison de ces deux armées s'impose et c'est par là que nous allons continuer cette étude.

(1) Au lieu de *645.000*, c'est-à-dire 71.000 en moins, en supposant à effectif renforcé seulement et non complet la plupart des 219 bataillons de *tout premier choc*.

CHAPITRE VII

COMPARAISON ENTRE LES ARMÉES ALLEMANDE ET FRANÇAISE DE PREMIER CHOC.

§ 1 Composition et effectifs.
§ 2 Armement.
§ 3 Moyens de concentration.
§ 4 Concentration probable, en tout cas possible, des groupes d'armée.
1° Armées de 1re ligne.
2° Armées d'invasion subite ou de rupture.

§ 1. — Composition et effectifs.

Les deux formidables armées se présenteraient ainsi :

	Armée allemande.	Armée française.
Rationnaires : environ.	790.000	935.000
et pour ne parler que des trois armes principales :		
Fusils.	473.000	574.000
Lances ou sabres.	46.000	50.000
Pièces de campagne à tir rapide.	2.316	1.912

Dans les premiers jours d'août 1870, les 7 corps français comprenaient à peine 200.000 fantassins pour combattre les 425.000 hommes d'infanterie des 13 corps prussiens unis aux 2 corps bavarois et aux fortes divisions badoise et wurtembourgeoise. La même proportion existait entre les autres armes : 172 escadrons français contre 360 escadrons allemands ; 756 bouches à feu contre 1.518.

Il y a loin, on le voit, de cette énorme différence à la situation organique probable que présenteraient les deux armées allemande et française si, dans le courant de 1907 ou de 1908, le destin les remettait en présence.

Les armées allemande et française, une fois concentrées comme nous venons de le supposer et de l'établir, le nombre des unités tactiques du temps de paix qui resteraient disponibles pour telle ou telle destination serait le suivant :

EN INFANTERIE

Allemagne.	*France.*
Frontière du Nord : 12 bataillons. Frontière russe : 93 bataillons.	Sur le continent : 14 4es bataillons, 24 compagnies alpines. En Algérie : 24 bataillons dont 5 à 6 compagnies. Sans compter compagnies de discipline et de dépôts.

EN CAVALERIE

Allemagne.	*France.*
Frontière du Nord : 8 escadrons. Frontière russe : 80 escadrons. 5es escadrons : 98 (1).	Sur le continent : 79 5es escadrons (1). En Algérie : 24 escadrons actifs, 10 5es esadrons.

EN ARTILLERIE

Allemagne.	*France.*
Frontière du Nord : 6 batteries montées. Frontière russe : 66 batteries montées, 10 batteries à cheval. 52 batteries montées dont 9 du régiment d'instruction.	Sur le continent ou en Corse : 21 batteries montées, 8 batteries de montagne. En Algérie : 15 batteries montées.

(1) Probablement destinés dans les deux pays à former les escadrons divisionnaires — ou, par dédoublement, des régiments de nouvelle formation — dans l'hypothèse, bien entendu, où ils ne seraient pas partis (en Allemagne du moins) avec les 4 1ers escadrons.

§ 2. — Armement.

Sur les deux fusils en usage en Allemagne et en France — à chargeur d'un côté, à magasin de l'autre — tout a été dit et nous éviterons de fatiguer le lecteur en reproduisant à cette place des notions divulguées par tous les journaux et revues, avec force détails.

Un point seul est à retenir : c'est que les propriétés balistiques des deux armes sont équivalentes.

A propos des nouvelles balles employées, quelques mots ne seront cependant pas inutiles.

Actuellement chacune a sur l'autre des avantages. La balle allemande a une vitesse initiale plus grande, sa trajectoire est plus tendue et sa force de pénétration plus considérable au-dessous de 350 mètres. Tous ces avantages sont détruits par la balle française qui, à partir de cette distance de 350 mètres, conserve une supériorité énorme, grâce à son poids. A 1.000 mètres, la trajectoire française est plus tendue et sa portée extrême est supérieure de 400 mètres à celle de sa concurrente. Mais ce n'est pas tout. Notre balle sans chemise est massive. Le ricochet la déforme à peine et, après avoir touché terre, la balle D peut encore tuer.

Notre nouvelle balle vaut donc autant et surpasse en bien des points la balle adverse, ce que ne cache pas le colonel Gaedke, l'écrivain allemand bien connu, qui reconnaît, à propos de la nouvelle balle allemande (la balle S), que, « au désir d'obtenir une trajectoire rasante jusqu'à 700 mètres, on a sacrifié toute justesse aux distances supérieures. En effet, à partir de 700 mètres, la *balle* PAPILLONNE d'une façon surprenante... ».

En résumé, aux moyennes distances, celles auxquelles les combats seront, comme en Mandchourie, les plus meurtriers en général, notre balle D est supérieure à la balle allemande S.

× ×

On sait que la lance, regardée en Allemagne comme la véritable arme du champ de bataille, est entre les mains de tous les cavaliers allemands.

Traiter de l'armement des deux cavaleries — puisque toutes les deux sont pourvues d'une carabine à répétition et *à chargeur* — reviendrait donc à reprendre une fois de plus l'éternelle comparaison de la lance et du sabre, ce que nous nous dispenserons de faire.

Faisons simplement deux remarques :

1° Depuis la guerre du Transvaal surtout, on tend un peu partout, sauf en Allemagne, à supprimer les lanciers ou en diminuer le nombre.

2° Dans les grandes chevauchées de l'empire, c'est du sabre que se servaient les cavaliers de Murat, de Lannes et de Bessières, et pourtant uhlans et cosaques ne leur ont guère résisté.

Il est impossible de parler cavalerie sans dire un mot du cheval.

D'après le général Bonie, « les chevaux français ont du fond, de la vitesse et ne le cèdent à aucun pour la dureté et la résistance à la fatigue ».

S'ils ont moins de sang, peut-être, ils sont plus endurants, et, après des manœuvres également pénibles, on a souvent constaté plus de chevaux indisponibles dans un seul escadron allemand que dans tout un régiment français ; cela provient de ce que les chevaux allemands, élevés dans des pâturages humides et marécageux, ont le pied faible et deviennent facilement boiteux sur les terrains durs.

Insister sur ce point serait oiseux, car pas un Français n'ignore en quelle estime particulière sont tenus les chevaux de nos différentes races indigènes sur tous les marchés du globe.

× ×

« La grande majorité des gens qui ne sont pas du métier — écrivait l'auteur allemand de *Videant Consules* — et même un grand nombre de militaires ne se rendent pas exactement compte de l'importance qu'il y a d'avoir *une artillerie supérieure à celle de l'adversaire.*

» Pendant la campagne de 1870-71 déjà, où l'artillerie française, comme chacun sait, n'était en aucune façon à la hauteur de la nôtre, on a pu constater que nulle attaque n'avait des chances de succès tant que l'artillerie de l'adversaire n'était pas réduite au silence, et tant que, en outre, notre propre artillerie n'avait pas, pendant un certain temps, été employée à ébranler l'infanterie ennemie.

» C'est surtout dans la dernière période de la guerre — nous ne saurions nous dispenser d'en convenir — que le succès de nos attaques revenait en majeure partie à l'artillerie, et il n'y avait pas moyen de mener à l'ennemi notre infanterie, fort éprouvée dans cette période-là, si, au préalable, l'artillerie ne l'avait pas contraint à abandonner ses positions (1).

---

(1) Pour en donner une idée, nous rappellerons ici que 25 Français sur 100 furent atteints par le canon, tandis que du fait de l'artillerie française les Allemands perdirent seulement 5 hommes sur 100.

» De là il ressort que la condition *sine quâ non* de toute attaque, c'est de triompher d'abord de l'artillerie ennemie, abstraction faite des cas exceptionnels... »

. . . .

Pendant la guerre russo-japonaise, d'après *tous* les témoignages des témoins oculaires, le canon a été un des principaux facteurs de la victoire des Japonais, et leurs succès ont été plus ou moins décisifs suivant que leur artillerie a plus ou moins rapidement dominé l'artillerie adverse. « Lorsqu'ils ont pu atteindre ce résultat, dit le rapport Messimy, soit par suite de leur supériorité numériqu· soit par suite d'un meilleur emploi, le combat a été décisif, comme au Yalou et à Wafangoou. Lorsqu'ils n'ont pu l'atteindre, leurs attaques ont échoué ou n'ont réussi qu'au prix de pertes énormes, comme à Nanchan, à Tachekiao, et dans les nombreux assauts infructueux tentés à Liao-Yang, au Cha-Ho, à Moukden. »

Que signifient ces constatations unanimes sinon qu'avant tout il faut chercher à obtenir la supériorité militaire par rapport à l'artillerie, car c'est l'une des conditions essentielles de la victoire.

Telle était l'opinion de l'auteur allemand que nous citions tout à l'heure.

Et telle est encore, il n'est pas besoin de le dire, la manière de voir qui, avec certain nombre d'autres, constitue le *credo* militaire allemand.

Il semble que l'évidence de cette vérité fondamentale de tactique moderne n'est plus contestée.

Mais, toute question de *personnel, d'attelages* ou *d'emploi technique* mise de côté, au point de vue strictement *matériel*, en quoi réside la véritable supériorité de l'artillerie? Sera-t-elle déterminée par le nombre de bouches à feu, par les propriétés balistiques de l'arme, la vitesse du tir ou l'approvisionnement en munitions? Et, puisque précisément en cela les avis sont partagés par les plus éminents artilleurs, bornons-nous à poser les données du problème, et recherchons simplement la situation comparative des deux artilleries sur ces divers points, sans revenir sur l'état du *personnel*, des *attelages* ou de l'*organisation* (1).

Le nombre des bouches à feu que peuvent mettre en ligne les deux nations est connu et nous ferons simplement remarquer que, pour atteindre un chiffre aussi élevé que celui des canons allemands, les projets de réorganisation de l'artillerie française pour 1907 portent sur une augmentation de 200 à 250 batteries à 4 pièces, la batterie de 4 pièces ayant la faveur de tous les hommes du métier, de préférence à celle de 6 pièces.

Ce que nous allons dire maintenant va nous édifier sur les trois autres points (*propriétés balistiques, vitesse du tir, approvisionnement en munitions*) en supposant, bien entendu, que l'artillerie allemande soit tout entière munie du nouveau canon.

L'artillerie, a-t-on pu dire justement, n'agit pas par le nombre de pièces qu'elle peut mettre en ligne, mais par la quantité de projectiles qu'il lui est possible de

(1) Outre que le lecteur est fixé par les indications fournies déjà, il sait que notre personnel d'officiers d'artillerie, tout spécialement, est plutôt supérieur à celui de l'artillerie allemande comme quantité et comme qualité. Il sait également que nos chevaux de trait léger sont parmi les meilleurs. Comme nombre, voici qui va permettre d'en juger. L'an dernier, pour atteler ses 588 batteries (avec les obusiers et les 9 batteries du régiment d'instruction, c'est-à-dire 3.496 pièces), l'artillerie de campagne allemande possédait 33.383 chevaux (effectif de paix), soit 9 par pièce; la France, pour 508 batteries, c'est-à-dire 2.032 pièces (sans l'artillerie coloniale), disposait de 34.141 chevaux, soit près de 17 par pièce.

lancer dans un temps donné : « Le point essentiel, celui qui domine toute la préparation matérielle à la guerre, a dit le général Langlois, est la quotité de l'approvisionnement en munitions. »

312 coups par pièce de 75 : tel est l'approvisionnement qui marche avec nos batteries, tandis que l'artillerie allemande ne possède que 130 coups par canon.

Dans un numéro du *Deutsche Tages Zeitung* de l'été dernier, le général Rohne, qui compte cependant 188 coups comme approvisionnement de chaque pièce allemande, ne trouve, comme approvisionnement total marchant avec toute l'armée, que 583.176 projectiles (y compris les hotchkiss), alors qu'il accorde 619.008 projectiles comme approvisionnement total de l'armée française, à laquelle, d'ailleurs, il ne donne que 1.984 pièces de canon.

Chaque batterie française de 4 pièces a donc un approvisionnement de 1.248 coups, tandis qu'une batterie allemande de 6 pièces, en admettant même le chiffre du général Rohne, n'en possède que 1.128.

Pas plus que pour les deux fusils nous ne ferons à cette place une étude approfondie des deux canons à tir rapide français et allemand, en établissant et en comparant toutes leurs caractéristiques, ce qui nous entraînerait trop loin (1).

Ce que nous savons d'après les renseignements les plus récents et offrant les plus sérieuses garanties d'exactitude, c'est que le nouveau canon à tir rapide

(1) Cette étude, faite dans plusieurs publications spéciales, est particulièrement bien présentée et résumée dans l'*Almanach du Drapeau* de 1907 (page 106); nous y renvoyons le lecteur.

allemand vaut à peu près le canon de 75 comme propriétés balistiques, c'est-à-dire *précision, justesse, portée ;* mais, quoique un peu plus léger, il est moins manœuvrable que le nôtre. Son recul, dit-on, est vicieux, obtenu par une solution mauvaise (suppression par amortissement progressif).

A cause de la séparation de l'obus et de la charge, et aussi du fonctionnement imparfait de la bêche d'affût, le tir est sensiblement moins rapide que celui du canon français. L'introduction séparée, dans l'âme de la pièce, d'abord de la charge et ensuite du projectile, cause une perte de temps que l'on ne peut évaluer à moins d'une demi-seconde par coup. Il s'ensuit que la pièce allemande ne pourra dépasser, comme vitesse de tir, 20 coups à la minute, alors que la pièce française atteint facilement 24 ou 27 (batteries à cheval de Lunéville).

C'est même cette lenteur relative qui fait en Allemagne maintenir la batterie de 6 pièces. C'est, en tout cas, une des raisons invoquées (1).

Notre canon est donc très nettement supérieur au canon allemand comme vitesse de tir et comme approvisionnement, sinon par ses propriétés balistiques ; mais il y a mieux à dire.

Non seulement le canon allemand ne vaut pas le nôtre ; mais, au *1er janvier 1907, 6 corps allemands sur 23 (à peu près le quart de l'armée) en étaient seuls pourvus*, et quelque diligence qu'on déploie, douze ou

(1) Nos batteries alpines seront toutes pourvues d'ici peu du nouveau canon de 65 de montagne à frein hydro-pneumatique comme le 75 de campagne.

quinze mois s'écouleront encore avant que toute l'armée allemande en soit dotée (1).

Or, même à cette date, et en supposant les canons d'égale valeur, l'artillerie allemande serait encore vis-à-vis de la nôtre en état d'infériorité marquée. Nous avons mis cinq ou six ans avant de bien connaître, de bien fixer et de répandre la méthode d'emploi d'un canon de propriétés essentiellement différentes des matériels antérieurs ; les Allemands, même en réduisant de moitié ce délai indispensable, en profitant de nos propres tâtonnements et de nos écoles, mettront au moins deux ans, après la mise en service de leur matériel.

Ce n'est donc pas avant trois ou quatre ans que l'artillerie allemande pourra être comparée à la nôtre comme dressage et instruction technique des cadres, des hommes et des réservistes des plus jeunes classes, même en admettant égalité de valeur de *matériel*.

Et d'ici là???!

Nous savons bien que les Allemands possèdent des batteries de mortiers de campagne que nous n'avons pas en aussi grand nombre et préventivement organisées ; mais, outre que cette situation ne va pas durer, on le sait (2), cette avance apparente ne constitue pas une

(1) C'est du moins l'avis de l'*Internationale Revue uber die gesammten Armeenn und Flotten*.

D'après le *Deutsches Offizierblatt* et d'autres journaux allemands, la distribution du nouveau matériel d'artillerie de campagne sera terminée dans le courant de 1907.

(2) Le chapitre 81 du budget de la guerre prévoit 76.805.000 francs pour 1907 au lieu de la dotation de 2 millions en 1906. Le général Banh prétendait, en septembre dernier, « que l'armée française ne possédait que 7 batteries de canon de 120 court, mais qu'on avait décidé de construire 60 batteries de

réelle supériorité même pour forcer les côtes de la Meuse, prétention dont le général Langlois a fait bonne justice : « Avec un adversaire alerte, mobile, mordant, faisant de l'offensive, quelle figure feront les mortiers allemands péniblement traînés devant les rafales de 24 projectiles de notre 75 ? »

Mais si tant est qu'une arme ne dispense pas de l'autre et qu'il nous faille à la fois organiser de nouvelles batteries de 75, tout en créant des batteries lourdes de campagne, on peut avoir la certitude que nous aurons rattrapé l'Allemagne sur ce dernier point bien avant qu'elle ait même doté toutes ses batteries de campagne de son nouveau canon.

Du moment que nous ne nous occupons que des trois armes principales des armées en campagne, il ne devrait pas être question de l'artillerie de siège ; mais il existe une telle corrélation entre les batteries lourdes et certains canons des parcs de siège, tant au point de vue organique, balistique et identité d'emploi, qu'on nous pardonnera d'en dire quelques mots.

En Allemagne, outre les 3 batteries d'obusiers légers, dont il faut d'ailleurs prévoir la transformation, chaque corps possède 4 compagnies de 4 obusiers lourds de 15 centimètres, soit 16 pièces de siège.

---

mortiers de campagne à 4 pièces !? » Ce qu'on peut dire, c'est que, s'il n'y a encore rien de précis, on a sûrement l'intention d'organiser sous peu un grand nombre de batteries lourdes à 4 ou à 2 pièces avec beaucoup de caissons, de voitures, et un cadre très important (Messimy). Le général Négrier voudrait 120 batteries ; et nul n'ignore que les projets de diminution de notre cavalerie, qui ont tant défrayé les polémiques en ces derniers temps, n'ont pas d'autre cause.

En France, au contraire, l'organisation a porté sur les groupes d'armée de trois ou quatre corps.

Chaque armée comptait, il n'y a pas encore longtemps: 3 batteries de 8 pièces 120^{mm}, 6 batteries de 4 pièces 155^{mm}, soit 42 pièces (toutes destinées à être remplacées par les canons 155 Rimailho à recul sur l'affût et qui n'ont leurs pareils nulle part).

Le jour, probablement dans moins d'un an, où notre artillerie de siège comptera le nombre voulu de pièces Rimailho, elle sera incomparable.

D'ores et déjà, comme matériel de siège, la France n'est dépassée par personne.

Le lieutenant d'état-major *Schimmelpfeng* disait, dans le *Militär Wochenblatt* d'octobre dernier, à propos du siège de Langres : « L'armée française est merveilleusement outillée » ; et, de fait, 202 grosses pièces de siège avaient pris part à cette intéressante manœuvre, dont *4* 155^{mm} Rimailho.

Provisoirement, chaque parc de siège compte organiquement en France : 3 sections de 60 pièces, et celles-ci sont fractionnées en 15 batteries à 4 pièces.

A chaque parc sont adjoints quelques mortiers de 270^{mm}.

A Langres, se trouvaient :

18 pièces de 95^{mm}.
18 — 120^{mm}.
18 — 155^{mm} long.
96 — 155^{mm} court.
36 mortiers de 220^{mm}.
12 — 270^{mm}.
4 — 155^{mm} court *Rimailho*.

Disons, pour finir cette question d'armement, que, depuis le mois de septembre 1906, la plupart des ateliers de la manufacture d'armes de Saint-Etienne travaillent à l'établissement d'une mitrailleuse bien supérieure à celles existant déjà et pouvant tirer la balle Lebel.

Six mille de ces engins doivent être livrés avant la fin de l'année (?) ; plus de cinq millions, en tout cas, sont destinés, dans le budget de 1907 (chapitre 85) pour la fabrication des mitrailleuses, au lieu de 500.000 francs l'an dernier ; et l'infanterie et la cavalerie ont déjà envoyé sur les lieux d'expérience des gradés chargés de s'initier au maniement de l'engin.

Il en est de même en Allemagne, où, d'après le budget de 1907, il est aussi question de fabrication intensive de mitrailleuses pour en pourvoir l'infanterie en grand.

A l'heure actuelle et probablement *pour longtemps encore* l'artillerie française est donc, de l'avis de tous les hommes compétents, incomparablement supérieure à sa rivale allemande, à tous égards.

Nous en avons dit assez pour qu'il ne soit plus possible de le mettre en doute.

Nous ne dirons rien des ballons dirigeables, et cependant...

En résumé : au point de vue armement des trois armes principales, l'armée française soutient avantageusement la comparaison avec l'armée allemande.

§ 3. — Moyens de concentration.

Avant de revenir et de nous étendre sur l'ordre de concentration des divers corps des armées française et allemande, en comparant leur rapidité relative à atteindre la frontière et les effectifs qu'ils y amèneront chaque jour, arrêtons-nous un instant sur les moyens d'exécution, c'est-à-dire sur l'organisation des chemins de fer dans les deux pays.

Sans entrer dans les détails, on peut dire que les Allemands ont un réseau plus étendu et un peu plus complet dans la zone frontière.

Nous en avons déjà parlé assez longuement à propos de l'offensive allemande.

Ils possèdent également un plus grand nombre de locomotives et de wagons; mais le rendement français passe pour être supérieur; son personnel est plus actif, plus débrouillard, parce que la circulation est en tout temps beaucoup plus intense en France, ce qui rend ce personnel plus apte à faire face aux difficultés d'un trafic très augmenté comme celui que déterminerait une guerre et où se trouverait débordé le personnel allemand, méthodique, mais lent.

Les distances sont également moindres en France, ainsi que le fait voir un simple coup d'œil sur la carte ; la concentration y sera plus facile parce que moins en *longueur* et plus *convergente*.

Les vitesses y sont toujours plus grandes. Le charbon n'y manquerait jamais, même si la Belgique et l'Allemagne nous faisaient défaut, non seulement parce qu'il serait facile d'en faire venir d'Angleterre, si, par la suite, nous en manquions chez nous, mais surtout parce que les approvisionnements des compagnies françaises sont *plus que suffisants* pour les besoins (deux semaines au plus) des deux opérations de la mobilisation et de la concentration.

Quant au matériel, il est bien au-dessus des besoins, attendu que nous disposons de 10.000 locomotives et de près de 300.000 wagons (y compris les wagons de marchandises découverts), et que pour le transport de toute l'armée française, personnel et matériel, 2.000 locomotives et 100.000 voitures sont suffisantes.

Certains calculs estiment que trois jours seraient le temps nécessaire, après trois jours de préparation, en comptant 50 voitures par train en moyenne (30 à 35 pour les troupes d'infanterie, mais 60 à 70 pour les trains de matériel) et une vitesse de 25 à 30 kilomètres à l'heure. Pour dix voies ferrées, cela ferait, en effet, 200 trains par jour pour chaque et en trois jours, soit un peu moins de 3 à l'heure (1).

Un ingénieur français va plus loin et prétend que, pour les 2.000 trains nécessaires au transport complet de l'armée française de première ligne, un *jour et demi* suffirait, « sans encombre, sans presse, avec 30 kilomètres de vitesse et en tenant compte des accidents qui pourraient se produire ».

Ainsi, nous avons facilité de transporter très rapidement à la frontière tant nos troupes de complément de couverture et toute notre cavalerie, que notre armée de première ligne ; et *possibilité de le faire aussi bien et aussi vite que les Allemands*. Pour ces derniers, en

(1) En 1870, sur la même voie, la compagnie de l'Est a fait 110 trains en quarante-huit heures : et en 1877 certains chemins de fer russes ont transporté 120 trains par jour, soit 5 à l'heure.

effet, le général Niox fixe à trois ou quatre jours — nous l'avons déjà dit — le temps qui leur est nécessaire pour porter sur notre frontière les combattants de toute leur armée, et trois jours de plus pour compléter leur matériel.

Certains auteurs comptent cinq jours, à 400 trains par jour, pour les 17 corps allemands, qu'ils prévoient devoir être concentrés sur la frontière française.

Le général Bonnal estime que, quoi qu'on en ait dit, les opérations de mobilisation et de concentration seront aussi rapides en France qu'en Allemagne.

C'est aussi l'avis de M. Messimy et de bien d'autres personnalités civiles ou militaires.

Pour épuiser ce sujet, qu'il nous soit permis d'invoquer le témoignage récent du général Langlois, qui apporte à notre optimisme toute l'autorité de sa haute compétence.

« Même en l'état actuel, dit-il, nos escadrons et nos batteries de couverture comptent autant d'hommes que les unités similaires de l'autre côté de la frontière, et il n'y a pas à craindre que la poussée de la couverture allemande non complétée empêche en rien notre concentration. »

Il déclare que nous mobiliserions aussi vite que les Allemands — et nous le prétendons avec lui.

« Nous avons le recrutement régional pour nos réserves absolument comme les Allemands ; de plus, chez eux, la mobilisation des corps d'armée situés sur les territoires annexés se complique par ce fait que beaucoup d'Alsaciens et de Lorrains ne sont pas incorporés dans les corps de la frontière.

» C'est pour nous un mince avantage.

» Pour toutes les autres opérations de la mobilisation :

réquisition de chevaux, réunion des approvisionnements, formation des convois, etc., nous sommes exactement dans la même situation que nos voisins.

» Rien n'expliquerait donc pour nous un retard.

» Le salut est dans la mobilité des troupes, la vitesse, l'initiative, en un mot l'aptitude à la manœuvre, ce qui sera obtenu quand on le voudra par une qualité essentiellement française : la SOUPLESSE *et non dans l'amoncellement de bétons et dans les artilleries lourdes...* »

Si l'on tient compte, exception faite pour la cavalerie et les troupes de couverture qui partent ou peuvent partir avec leurs effectifs de paix renforcés ; si l'on tient compte, disons-nous, de ce que la période de mobilisation est à peu près de même durée dans les deux armées, tant à cause du temps nécessaire à compléter, armer, équiper les effectifs, qu'en raison du temps strictement indispensable pour la mise sur pied de tout le matériel (parcs, équipages de pont, convois etc., etc.), il est raisonnable de fixer au 4e jour au plus tôt, et probablement au 5e le départ des premiers transports de concentration, par conséquent au 6e jour l'arrivée à la frontière des premiers corps.

Sur cette base, et en comptant de 500 à 800 trains par jour dans chaque pays, on peut établir les étapes de concentration des deux armées, ainsi que l'indique le graphique ci-dessous :

§ 4. — **Concentration probable, en tout cas possible des groupes d'armée :**

1° *Armées de première ligne ;*

2° *Armées d'invasion subite ou de rupture.*

Comment ces troupes seront-elles groupées ?

Combien d'armées formeront-elles ?

Quels sont leurs directives et leurs objectifs ?

Quelle conception stratégique présidera à leurs opérations ?

A ces diverses questions, il est naturellement impossible de répondre d'une façon positive, la vérité d'aujourd'hui pouvant être l'erreur de demain, et les diverses combinaisons ou plans de campagne, variables à l'infini, étant à la merci des états-majors qui se succèdent sans cesse et modifient leurs idées selon les circonstances ou les événements politiques souvent imprévus.

Bien osé qui prétendrait savoir sûrement comment débutera la prochaine guerre et quel plan initial définitif est ou sera adopté par l'état-major allemand ou l'état-major français !

Ce qu'on peut prévoir, jusqu'à un certain point, n'est donc pas ce qui sera fait, mais ce qu'on pourrait faire.

1° Armées de première ligne.

Première hypothèse (la moins probable) : *les deux armées se concentrent complètement avant de s'ébranler et d'entamer les opérations sérieuses.*

Pour l'Allemagne, si on écarte l'idée préconçue de violation de la neutralité belge, et si l'on examine la manière dont sont groupés en Alsace-Lorraine les 150

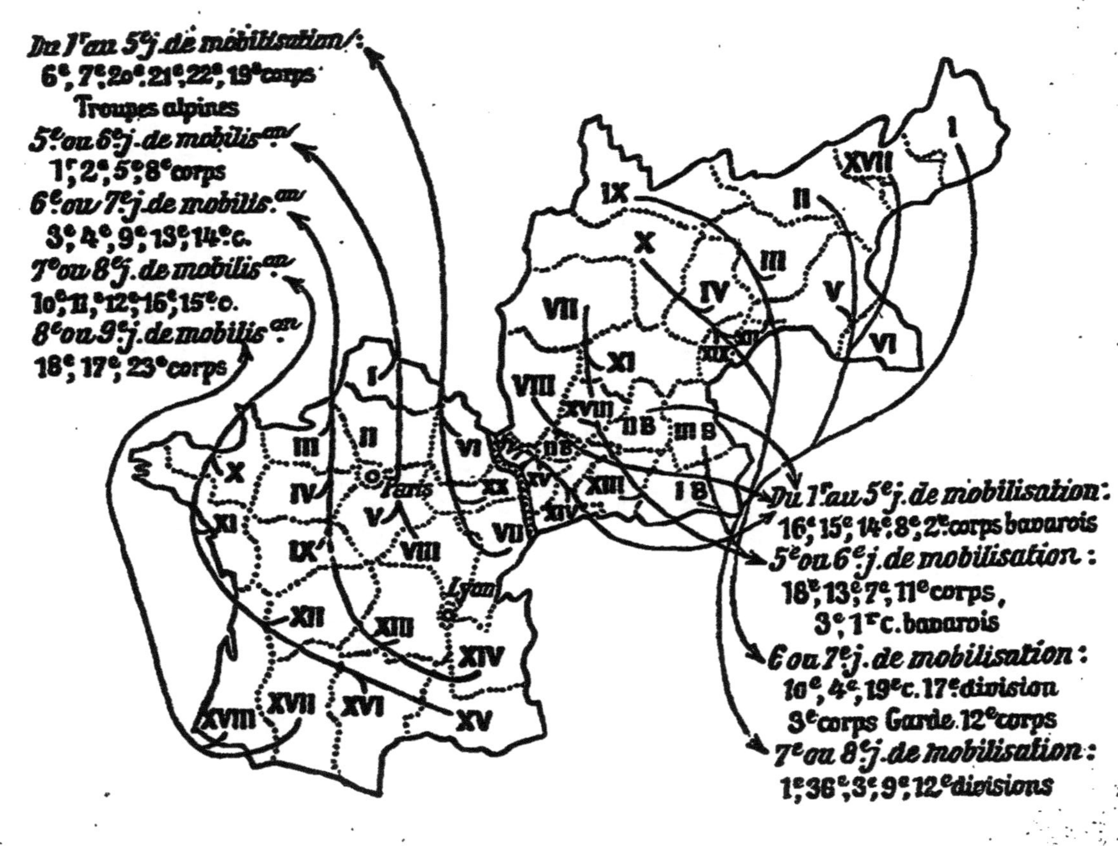

Du 1er au 5e j. de mobilisation :
6e, 7e, 20e, 21e, 22e, 19e corps
Troupes alpines
5e ou 6e j. de mobilisation :
1er, 2e, 5e, 8e corps
6e ou 7e j. de mobilisation :
3e, 4e, 9e, 13e, 14e c.
7e ou 8e j. de mobilisation :
10e, 11e, 12e, 16e, 15e c.
8e ou 9e j. de mobilisation :
18e, 17e, 23e corps
Paris
Lyon
Du 1er au 5e j. de mobilisation :
16e, 15e, 14e, 8e, 2e corps bavarois
5e ou 6e j. de mobilisation :
18e, 13e, 7e, 11e corps,
3e, 1er c. bavarois
6 ou 7e j. de mobilisation :
10e, 4e, 19e c. 17e division
3e corps Garde. 12e corps
7e ou 8e j. de mobilisation :
1e, 36e, 3e, 9e, 12e divisions

quais de débarquement construits sur le front Metz - Sarrebourg - Saverne - Mulhouse, on peut admettre qu'une 1re armée allemande se concentrera à Metz, face à Verdun ; une 2e face à Nancy, Sarreguemines - Bensdorf ; une 3e à Sarrebourg - Saverne, face à Lunéville, et enfin une 4e autour de Mulhouse.

Mais il ne faut pas s'arrêter à ce plan de concentration *ne varietur*.

Pour les multiples et impératives raisons que nous avons exposées, on doit présumer aussi bien et admettre — avec le général Bonnal, et d'autres comme lui — que les Allemands réuniront *trois* masses, *celle du centre* très forte, *celles des ailes* beaucoup moins nombreuses et, dans tous les cas, inégales entre elles ; que le nombre de leurs armées atteindra le chiffre de 4 ou 5 (deux corps d'armée, au moins, devant être laissés sur la frontière de Pologne et *un* troisième sur les côtes de la Baltique) (1).

« En cas de conflit, les Allemands se proposeraient de porter sur la Meuse, entre Mézières et Stenay, une masse de sept corps d'armée et de quatre divisions de cavalerie », d'après une étude très importante de l'état-major belge, dont M. Ernest Judet, directeur du journal *l'Eclair*, a eu connaissance et qu'il publiait en janvier 1906.

Nous en avons parlé plus haut.

En ce cas, serait ainsi constituée l'*aile droite allemande* et réunie au nord de Trèves jusqu'à Malmédy. Le *centre* comprendrait 9 ou 10 corps en deux armées, massées entre Thionville et Sarrebourg. L'armée d'*aile*

(1) Ce sont, à peu près, les forces indisponibles contre nous, que nous avons indiquées pour la défense immédiate des frontières nord et ouest de l'empire.

gauche serait composée de 3 ou 4 corps et concentrée en Haute-Alsace.

Dans ces conditions, la masse centrale des armées allemandes entamerait les grandes luttes sur le front, alors que la masse de gauche observerait Belfort et essayerait de franchir les Vosges méridionales. La masse allemande de droite marcherait la première sur la ligne Mézières - Stenay après avoir franchi les frontières belge et luxembourgeoise, les deux masses de droite et de gauche s'efforçant d'attaquer en flanc le dispositif français.

Tel serait le plan en faveur ; celui, en tout cas, que nous ne devons pas perdre de vue, parce que le plus redoutable ; et le plus redoutable, en effet, puisque, de tous c'est celui qui nous donnerait le moins de répit et le maximum de risques avec le minimum de chances favorables, le but poursuivi étant l'enveloppement par le Nord avec les avantages qu'on devine et toutes leurs conséquences.

Quoi qu'il en soit, ou plutôt, quelles que soient les dispositions prises par les armées allemandes pour l'exécution de ce plan préféré ou pour tout autre ; quels que soient, d'autre part, le dispositif de concentration des armées françaises et leur objectif (1) les premières trouveront en face d'elles des adversaires au moins aussi nombreux, mieux armés, capables de faire échouer leurs tentatives les mieux conçues et les plus diverses, ce qui est l'essentiel et ce que nous avons voulu démontrer.

---

(1) D'après le lieutenant-major Schimmelpfeng, de l'armée allemande, les armées françaises marcheraient sur le triangle *Trèves - Coblentz - Darmstadt*, avec *Francfort* pour objectif; et, sur leur passage, investiraient *Metz*.

Ce sont 23 *corps* français et les troupes alpines que rencontreraient, en effet, sur leur route les armées allemandes que nous connaissons.

La question intéressante était de savoir si, *dans le même temps*, il était possible aux armées françaises de première ligne d'achever leur concentration avant de se présenter aux armées allemandes, aussi puissantes et aussi nombreuses qu'elles.

Nous le savons maintenant.

Il sera même loisible à chacun de nos lecteurs de se livrer sur ce sujet à toutes les investigations possibles, et, dans toutes les éventualités ou hypothèses, de rechercher les combinaisons les plus variées et les plus ingénieuses, grâce aux données des deux derniers chapitres.

En admettant, par exemple, l'éventualité, très plausible du plan allemand regardé comme le meilleur, quel pourrait être le dispositif français qui, tout en combattant le mieux ce plan, se prêterait en même temps aux manœuvres stratégiques les plus avantageuses ?

A la masse allemande de 7 corps (aile droite), concentrée entre Trèves et Malmédy, opposer 9 corps (?) : 1re armée française : 6e, 20e, *21e*, *22e* corps ; 2e armée française : 1er, 2e, 3e, 4e corps ; en réserve, 19e corps.

A la masse allemande de 9 à 10 corps (centre), concentrée entre Thionville et Sarrebourg, opposer 11 corps (?) : 3e armée française : 5e, 8e, 9e, 13e corps : 4e armée française : 12e, 16e, 18e, 17e corps ; 5e armée (de réserve) : 10e, 11e, *23e* corps.

A la masse allemande de 3 ou 4 corps (aile gauche),

concentrée en Haute-Alsace, opposer 3 corps et les alpins (?) : 6e armée : 7e corps, alpins, 14e, 15e corps.

Et ainsi de toute autre combinaison...

Armées d'invasion subite.

DEUXIÈME HYPOTHÈSE (la plus probable) : *la marche en avant du gros des armées, après complète concentration, est précédée d'une irruption soudaine sur le territoire ennemi, et d'une action énergique, poussée à fond ou non, par une armée de rupture.*

Pour l'intelligence de ce qui suit et afin d'en faciliter le développement, nous pensons bien faire en exposant, au préalable, sous les yeux du lecteur, la dislocation du temps de paix des troupes françaises et allemandes de la frontière commune, à la date du 1er janvier 1907.

Si l'on prend en deçà et au delà de la limite des deux Etats une bande territoriale d'environ 200 kilomètres, on y trouve stationnées les troupes suivantes qui, dès le temps de paix, y tiennent garnison à effectif renforcé, toutes prêtes en quelques heures à se porter à la frontière *comme troupes de couverture*, ou à envahir le territoire ennemi *comme armée de rupture* pour un raid ou un sérieux coup de boutoir, selon qu'en auront décidé les états-majors généraux respectifs.

EN INFANTERIE

Côté français.	*Côté allemand.*
41 bataillons du 6e corps.	28 bataillons du 16e corps.
29 — du 20e corps.	32 — 15e —
29 (sur 36) bataillons du 7e corps.	34 — 14e —
6 (sur 24) bataillons du 8e corps.	20 (sur 28) bataillons du 8e corps.
	16 (sur 33) bataillons du 2e bavarois.
105 bataillons.	130 bataillons.
75.600 fusils, non compris 30 4es bataillons.	79.950 fusils.

Ces bataillons sont ainsi répartis :

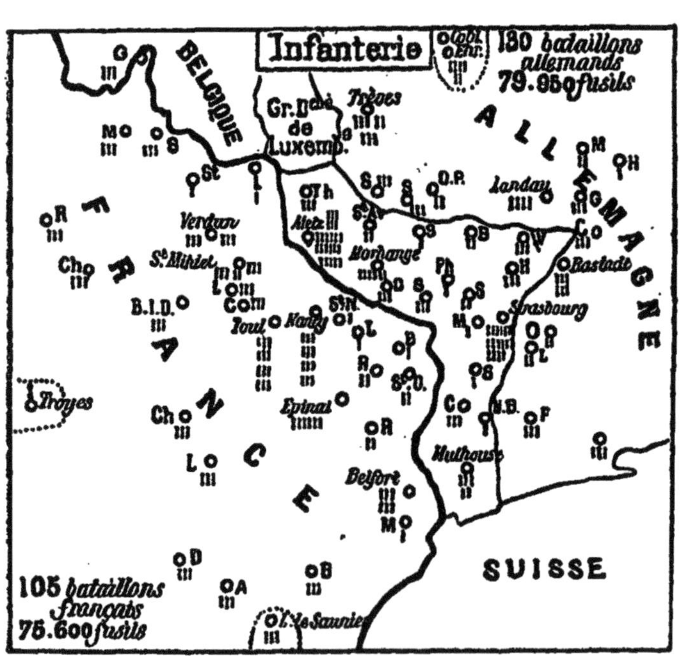

EN CAVALERIE

Côté français.	*Côté allemand.*
52 escadrons sur le territoire du 6e corps.	16 escadrons du 16e corps.
32 escadrons sur le territoire du 20e corps.	16 — 15e —
20 escadrons sur le territoire du 7e corps.	20 — 14e —
12 escadrons sur le territoire du 8e corps.	8 (sur 16) escadrons du 8e corps.
	8 (sur 16) escadrons du 2e bavarois.
116 escadrons : 17.400 sabres.	68 escadrons : 10.200 lances.

Ces escadrons sont ainsi répartis :

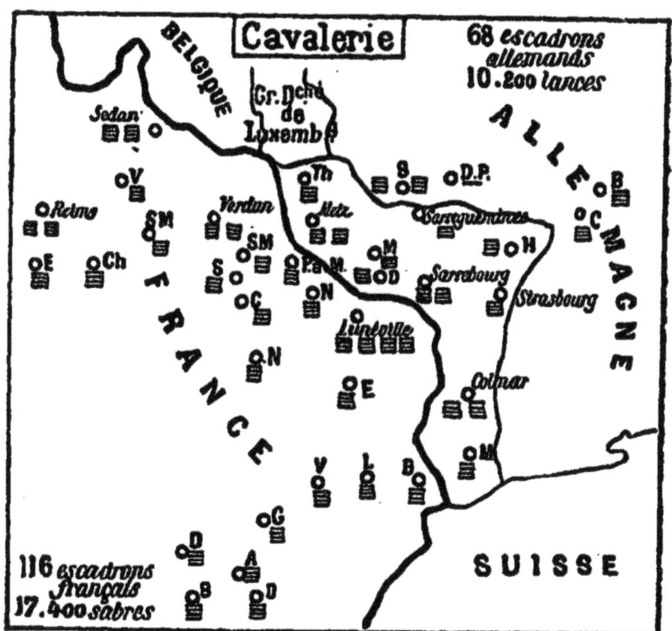

EN ARTILLERIE

Côté français.	*Côté allemand.*
32 batteries dans le 6e corps.	24 batteries du 16e corps.
20 — — 20e —	26 — 15e —
31 — — 7e —	30 — 14e —
6 (sur 23) batteries dans le 8e corps.	20 (sur 26) batteries du 6e corps.
	12 (sur 22) batteries du 2e bavarois.
89 batteries : 356 pièces.	112 batteries : 672 pièces ou obusiers.

Ces batteries sont ainsi réparties :

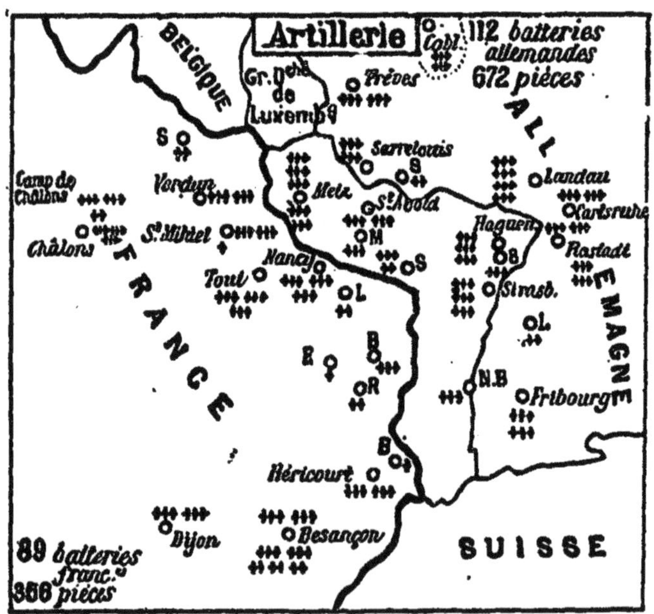

De l'avis unanime des hommes compétents de toutes nationalités, et, ce qui a plus de poids encore, de l'aveu des Allemands eux-mêmes, c'est par un coup de surprise et de force que débutera la prochaine guerre dès qu'elle aura été *décidée*, nous ne disons pas *déclarée ;* coup de force destiné à produire une dépression morale considérable chez l'adversaire (ce qui, entre parenthèses, s'il est réalisé par les Allemands, facilitera singulièrement la tâche du Président de la République française, puisqu'il pourra, sans scrupule et sans attendre la réunion du Parlement, signer le décret de mobilisation, la guerre étant déclarée par le fait même de l'envahisseur).

Nous ne reviendrons pas sur cette éventualité quasi certaine.

Mais, qui dit coup de surprise et irruption soudaine, suppose par là même : forces immédiatement disponibles pour cette besogne déterminée, et, par conséquent, troupes du temps de paix voisines de la frontière ou non, mais susceptibles de se mobiliser en quelques heures et d'envahir en moins de quarante-huit heures — en une nuit, s'il le faut — le territoire ennemi ; conséquemment à effectif élevé en tout temps.

Ces éléments de campagne immédiate sont précisément ceux, en grande partie du moins, dont nous venons de montrer les garnisons du temps de paix.

Nous allons rechercher quelle en serait la puissance respective.

Tout en négligeant les assertions ultra-fantaisistes de certains journalistes aux abois (quelquefois anciens ministres), qui écrivent avec le plus grand sérieux que le *lendemain* d'une déclaration de guerre *plusieurs centaines de mille* soldats allemands envahiront notre territoire ; et s[illegible] nous arrêter davantage à certaines élucubrations d'écrivains qui ne savent pas grand'chose de la question qu'ils traitent, il est évident que nous devons prévoir et croire que non seulement les 16e et 15e corps allemands avec *une* division du 8e corps et *une* du 2e corps bavarois, mais aussi ces derniers corps en entier sont capables de prononcer un mouvement offensif quelques heures après l'ordre de mobilisation, pendant que, de son côté, le 14e corps se porterait sur les Vosges et la route de Belfort ; ces troupes dussent-elles revenir en arrière et rejoindre leurs garnisons pour se compléter après deux ou trois jours seulement de coup de boutoir...

De là à prédire l'occupation certaine de Nancy, par exemple, sans coup férir et en une nuit, il y a loin. Car, enfin, ce n'est pas en secret et sans bruit que les Allemands vont pouvoir mobiliser, se mettre en marche et nous envahir.

En théorie, c'est très joli ; mais, en pratique et sur le terrain, c'est autre chose : on ne part pas en guerre comme on va à la manœuvre et, malgré les précautions les plus minutieuses, il est à penser que les 25.000 hommes de Metz, par exemple, ne gagneraient pas la frontière sans qu'on en soit prévenu à Pont-à-Mousson et à Nancy, même s'ils quittaient leur garnison la nuit ; et, dès lors, il est à croire aussi qu'avant même de terminer les 40 kilomètres qui séparent Metz du plateau de Malzéville, ces 25.000 hommes auraient quelque chance de rencontrer en bonne position les troupes du 20e corps français, sans parler des autres.

Que si vraiment — *et cela est, au contraire, admissible* — les Allemands veulent atteindre le but coûte que coûte, frapper le coup moral tout en obtenant le résultat matériel ; s'ils consentent à former une armée de rupture idéale comme qualité en sacrifiant à la quantité, ils seront capables de réunir les éléments dont nous allons donner la composition, sur effectif de paix renforcé, avec les parcs et convois suffisants pour une opération de durée restreinte. Mais ce sera seulement le 2e ou le 3e jour que commencera effectivement la marche offensive de cette armée.

En agissant ainsi, ils accentueraient encore leur conception pratique de la guerre moderne :

Trois opérations différentes et successives par trois armées différentes.

D'abord, l'armée de rupture (la pointe de l'épée), SANS LE MOINDRE ÉLÉMENT RÉSERVISTE ; puis, *les armées de première ligne et des grands chocs* (pour le coup de massue) COMPOSÉE PAR MOITIÉ DE RÉSERVISTES. Enfin *les armées de 2e ligne* (armée d'occupation), COMPOSÉE PRESQUE EXCLUSIVEMENT DE RÉSERVISTES ET DE LANDWEHRIENS.

Voici quelle pourrait être l'*armée de rupture allemande :*

	BATAILLONS	ESCADRONS	BATTERIES montées	BATTERIES à cheval	BATTERIES d'obusiers	GROUPES de mitrailleuses
16e corps...	28	16	18	3	3	1
15e corps...	32	16	18	2	3	2
14e corps...	34	20	24	1	3	2
8e corps...	28	16	18	2	3	»
2e bavarois	23	16	18	2	2	»
	145	84	96	10	14	5

En outre, 223 escadrons de cavalerie et probablement

22 batteries à cheval, c'est-à-dire, pour ne parler toujours que des trois armes principales :

145 bataillons, 93.000 fusils environ ;
307 escadrons, 46.000 lances ;
768 canons de campagne à tir rapide ;
84 obusiers de campagne ;
30 mitrailleuses.

En présence d'une pareille armée, nos troupes de couverture des 6e, 20e et 7e corps seraient en fâcheuse posture (dans la proportion de 2 contre 3), cela n'est pas douteux.

Elles recevraient le secours des éléments dont nous avons si longuement étudié la composition et la préparation, et, le 3e jour, au plus tard, si courte qu'ait été la période de tension politique, se joindraient à elles :

3 bataillons de chasseurs, 12 bataillons de chasseurs alpins, 24 bataillons d'infanterie de marine, 48 bataillons d'infanterie de ligne, avec toute la cavalerie et 92 batteries, dont 48 montées, 32 à cheval et 12 de montagne.

Dans les mêmes conditions que l'armée de rupture allemande, se présenterait donc une armée française ainsi composée :

Armée de couverture ou de rupture française (1).

6e corps.....	41	bataillons et	26	batteries	dont	2	à cheval.
7e —	33	—	26	—	—	2	—
20e —	29	—	18	—	—	»	—
21e —	39	—	25	—	—	1	—
22e —	36	—	25	—	—	1	—
Alpins.......	12	—	12	—	de montagne.		

8 divisions de cavalerie indépendante : 156 esc. 16 batt. à cheval.
7 divisions de cav. de nouvelle formation : 160 — 14 — —

(1) Le chapitre VI a déjà fait prévoir cette composition.

C'est-à-dire, pour ne parler que des trois armes principales : 192 bataillons, 125.000 à 130.000 fusils ; 316 escadrons, 47.000 à 48.000 sabres ; 648 canons (en supposant *toutes* les batteries à 4 pièces) ; ?? batteries lourdes ; ?? groupes de mitrailleuses.

En plus, 56 canons (14 batteries, dont 2 à cheval) destinées au 19ᵉ corps.

Telle pourrait être, en effet, avec la plus grande facilité, nous l'avons surabondamment prouvé, l'armée de couverture rêvée, rendue invincible le 4ᵉ ou 5ᵉ jour par l'arrivée à la frontière des 27 bataillons et 16 escadrons de chasseurs d'Afrique du 19ᵉ corps.

Avec ses 704 canons incomparables, ses 50.000 cavaliers excellents et ses 150.000 fantassins d'élite (88.000 lignards de choix ; 24.000 chasseurs ; 15.000 à 16.000 marsouins ; 17.000 à 18.000 zouaves ou turcos ; 3.000 légionnaires), quelle magnifique armée de rupture !!

CHAPITRE VIII

CONSÉQUENCES DE LA SITUATION MILITAIRE RELATIVE DES DEUX ARMÉES DE PREMIÈRE LIGNE ET PLUS SPÉCIALEMENT DES ARMÉES DE RUPTURE ÉVENTUELLES DE FRANCE ET D'ALLEMAGNE.

Conclusions.

La voilà donc toute trouvée, toute indiquée et inimitable, cette armée française qui pourrait être de rupture, capable, au lendemain d'une déclaration de guerre, d'exécuter le raid hardi qui, selon l'opinion du général *Derrécagaix*, consisterait à se jeter brusquement sur le territoire ennemi, détruisant les voies ferrées et les quais de débarquement, les ouvrages d'art importants, incendiant les magasins, semant la terreur dans les populations jusqu'à 200 kilomètres de la frontière, arrêtant du même coup mobilisation et concentration.

Quelle perturbation d'un côté et quelle confiance, quelle ardeur de l'autre!!!

Lui aussi, le général *Derrécagaix* pensait que, moins nous serons dans des taupinières, et plus nous serons dans les champs, mieux cela vaudra.

C'est avec cette armée de rupture que nous pourrions appliquer les préceptes de Clausewitz et de tous les grands capitaines, et commencer la guerre par la stratégie initiale si chère à l'état-major allemand, celle de l'offensive subite, qui paralyse l'ennemi matériellement et moralement et a presque toujours une influence décisive sur le succès final.

C'est également par cet excellent outil de combat et

non par de ruineuses fortifications que la frontière resterait inviolée, et que Nancy serait le mieux défendue, quels que soient l'objet et la direction de l'offensive de cette armée, pourvu que cette offensive *soit*.

Qu'elle se lance en deux tronçons, de Verdun et de Belfort, sur les flancs des armées allemandes, après avoir laissé un simple rideau devant Nancy, ou, concentrée vers Lunéville, qu'elle parte en un bloc, pour marcher sans arrêt sur Trèves - Malmédy, et tendre la main à une armée française venue à sa rencontre de Givet, Mézières et Stenay, détruisant tout sur son passage et sans se préoccuper de Metz (1).

(1) Convaincu que les Allemands ont l'intention bien arrêtée de violer la neutralité belge, nous ne cachons pas que nos préférences seraient pour une action stratégique nous permettant de les devancer en violant nous-mêmes cette neutralité, sans la moindre arrière-pensée, bien entendu, d'une atteinte quelconque à l'indépendance de cette nation, et d'une annexion de la plus petite parcelle de son territoire.

Depuis l'article remarquable de M. Maurice Schwob dans le *Phare de la Loire*, et qui prouve qu'à Anvers les Allemands sont en *ville conquise*, il ne peut plus y avoir de doute sur leurs intentions. Anvers et Rotterdam sont déjà absorbés par l'Allemagne (lire M. Ancio, professeur à l'Université de Bruxelles) et sont des postes avancés qui serviront de base à leur premier mouvement offensif militaire, de même qu'ils s'en servent déjà comme points d'appui incomparables pour la guerre commerciale qu'ils nous font sans pitié et qu'ils continueront jusqu'à ce que nous soyons acculés à un asservissement volontaire ou à un Sedan économique. Et un journal anglais a pu dire que si une armée allemande entrait demain dans Anvers, en quelques minutes elle pourrait constituer une municipalité et une administration complètes, dont tous les éléments sont prêts et n'attendent que le signal.

Et d'ailleurs tout l'effort de l'armée belge se bornera à *sauver la face*, en résistant pour rire à l'envahisseur; puis battre en retraite sur Anvers sans être inquiétée au delà de la Meuse. En agissant ainsi, la Belgique garderait un sérieux noyau de troupes pour jeter dans la balance au moment opportun tout en montrant à l'Europe qu'elle a *fait* son *possible* pour défendre sa neutralité. Et puis pourrait-elle faire autrement? Nous en avons assez dit sur ce sujet pour que le lecteur soit bien fixé.

Peu importe cela ou autre chose, puisque cette armée serait de taille à tout oser et à tout réussir?

Car, enfin, si jamais les chiffres ont eu leur éloquence, c'est bien dans le cas de cette situation respective des deux armées allemande et française, au point de vue de leur force numérique et de leur organisation, qu'il s'agisse des masses formidables de première ligne ou, plus spécialement, des deux armées de rupture.

Cependant les chiffres, on pourrait dire les faits, sont là, probants, indiscutables!!

La période du début des hostilités ne doit-elle pas être décisive? cela ne signifie-t-il pas que c'est d'elle que dépendra la victoire éclatante avec ses pouvoirs discrétionnaires, ou la défaite lamentable avec ses conséquences désastreuses et effroyables; que c'est elle qui décidera du triomphe ou de l'anéantissement?

Avec le succès : la France recouvrant ses frontières naturelles, libre de ses destinées, reprenant sa vraie place dans le monde, et retrouvant, en même temps que la prépondérance en Europe, une prospérité sans bornes et une puissance presque sans limites.

Avec la défaite : la honte, la ruine et la servitude qui entraîne après elle son cortège habituel d'amoindrissement et de dispersion de toute une race, de toute une civilisation, de tout un patrimoine!

Car c'est bien là ce dont il se faut pénétrer, de façon à ce que l'ombre d'un doute n'en puisse subsister dans l'esprit : le prochain duel franco-allemand sera le duel au couteau, le *duel à mort* où « la nation vaincue sera saignée à blanc », selon le mot de Bismarck, *et l'issue de ce duel dépendra des premiers coups.*

Si donc l'influence de cette période doit être telle

que rien ne pourra plus tard l'annihiler ou même l'atténuer, n'est-il pas évident que tout, *absolument tout*, doit être tenté pour qu'elle nous soit favorable et tourne à l'avantage de nos armes.

Il nous faut vaincre à tout prix dans les premières rencontres, on ne saurait trop le redire, ou du moins tout mettre en œuvre pour cela.

Quand nous aurons tout fait pour nous assurer la victoire, au moins n'aurons-nous pas de remords.

De deux choses l'une, en effet : nous serons ou battus, ou triomphants. Dans le premier cas, nous l'eussions été bien plus complètement encore, avec des éléments de combat moins nombreux et moins puissants, et nous aurions perdu, avec le respect du vainqueur, tout espoir de nous relever et de prendre une revanche, peut-être.

Dans le second cas, notre victoire sera plus décisive, et nous pourrons penser, si elle a été durement achetée, qu'elle nous eût certainement échappé avec moins d'efforts.

Qu'est-ce à dire encore, sinon que nous devons tout sacrifier à ces considérations, à ce devoir, à cette absolue nécessité, faire donner toutes nos armées de première ligne sur le champ des opérations décisives et y envoyer sans l'ombre d'hésitation, sans une minute de retard pour le tout premier choc, l'*élite de nos soldats* et le meilleur de notre puissance militaire?

Qu'est-ce à dire, enfin, sinon que nous devrons faire de l'*offensive stratégique*, de l'*offensive immédiate*, et la faire, pour qu'elle ait les chances de réussite maxima, *avec la supériorité numérique* (1).

---

(1) « L'offensive stratégique s'impose aussi bien que l'offensive tactique », pouvait-on lire il y a quelque temps dans la

Cela est possible, facile même — nous l'avons démontré — nous voudrions pouvoir ajouter : *Donc, cela se fera.*

Caveant consules!

Au point où nous en sommes de cette étude, qu'il nous soit permis de répondre par avance à une objection, ou plutôt à un reproche qui ne serait pas sans gravité s'il était mérité et s'il devait résister à un sérieux examen.

On nous accusera peut-être, en effet, de servir nos ennemis en indiquant certaines combinaisons qu'il vaudrait mieux ne pas révéler parce que, connues, elles font naître la riposte et risquent de perdre toute efficacité.

Pourquoi, nous dira-t-on, mettre en danger, annihiler d'avance et comme à plaisir des mesures de défense nationale, et des éléments de succès qui gagneraient certainement à rester dans l'ombre?

D'abord, nous ne violons aucun secret militaire pour la bonne raison que nous ne sommes dépositaire d'aucun.

En second lieu, et tant que l'Allemagne n'aura l'équivalent ni des troupes alpines ni des troupes coloniales, ni des 4es bataillons, *il lui sera impossible* de nous imiter et de répondre aux mesures que nous préconisons.

Enfin, nous avons simplement et avec des éléments spéciaux de notre organisation militaire, qui n'ont

---

France militaire, à la fin d'un article documenté et très étudié, où il était dit entre autres choses : « *Faire de propos délibéré l'abandon d'une certaine zone de territoire est impossible en France; l'opinion publique s'affolerait et les plus graves événements seraient à redouter.* »

rien d'analogue ou de correspondant en Allemagne, nous avons simplement, disons-nous, indiqué une combinaison — et il y en a assurément plusieurs autres — qui nous permet de faire de l'offensive immédiate, presque foudroyante, avec supériorité numérique au moyen de troupes d'élite composées exclusivement de soldats sous les drapeaux, parfaitement encadrés, jeunes, entraînés, vigoureux, d'un très bon esprit militaire et d'un moral excellent, sans toucher à notre organisation présente et en prenant notre armée telle qu'elle est actuellement.

Nous avons exposé au grand jour cette conception pratique de très facile exécution, sans crainte d'inconvénients chimériques, et persuadé, au contraire, que nous rendons service et qu'on saura trouver mieux encore.

Que si, pour rendre la France victorieuse, des mesures aussi faciles, des moyens aussi simples, tout au moins des dispositions analogues n'avaient pas encore été prises ou prévues, il ne serait que temps d'aviser pour le salut de la Patrie.

Notre intention était de prouver que notre puissance militaire est au moins équivalente à celle de l'Allemagne, et nous ne pouvions trouver d'arguments plus solides que la démonstration éclatante de la facilité avec laquelle nous sommes en état de faire aussi bien et mieux qu'elle, soit pour la protection de notre frontière et l'offensive rapide que l'état-major allemand se flatte d'être le seul à pouvoir tenter et mener à bien, soit pour la préparation stratégique des grandes batailles, soit pour une guerre de longue durée dont cet état-major ne veut à aucun prix, parce que l'Allemagne est incapable de la supporter.

Puisse cette nouvelle démonstration de notre force donner aux patriotes la confiance qui a tant de mal à renaître en ce pays, et qui nous est si nécessaire, non seulement pour vaincre, ce qui est évident, mais aussi pour parler haut et ferme lorsque l'exigent l'indépendance, l'honneur du pays, la défense de ses droits, et qui nous est nécessaire surtout pour pouvoir, en tout temps, saisir avec une ineffable joie patriotique et ne jamais laisser passer l'occasion si longtemps et si anxieusement attendue de venger 1870, de délivrer nos frères d'Alsace-Lorraine, et de rendre à la France, en déchirant le traité de Francfort, la prospérité et la grandeur en même temps que l'intégrité.

Certes, l'armée allemande est une force sérieuse, redoutable, avec laquelle il faut compter ; mais on a voulu l'enfler jusqu'à l'extrême, jusqu'à l'absurde et la presse allemande, emboîtant le pas au kaiser, le chef suprême, en joue trop souvent comme d'un épouvantail.

Trop heureux nous serons si nous contribuons, dans quelque petite mesure que ce soit, à crever ou à diminuer de volume ce gros ballon démesurément gonflé, et à faire toucher du doigt que le colosse a peut-être les pieds d'argile.

La force est une chose *essentiellement relative.*

Pour faire peur à un pays comme la France, il ne suffit pas de brandir un grand sabre, de l'agiter et d'enfler la voix ; il est à la fois présomptueux et imprudent de croire qu'un froncement de sourcils va le jeter dans l'épouvante.

Au moins serait-il bienséant de ne pas faire suivre de flagorneries et de prudence... exagérée la rodomontade retentissante.

Il est toujours fâcheux de souligner une reculade.

Mieux vaudrait ne pas sortir ses griffes que d'être obligé de les rentrer. Mieux eût valu éviter Tanger que d'avoir à produire un discours plutôt mielleux du chancelier von Bulow.

Conscients de notre force, soyons donc sans peur ; mais ne nous laissons pas leurrer, pas plus par les Anglais que par d'autres, et, puisque nous n'avons pas à chercher d'autre garantie que celle que nous offrent et nous donnent *largement* la Nation française et son armée, pratiquons la politique des mains libres ou, mieux, celle d'arbitre, et non celle de dupe et surtout d'*otage*.

Il n'est pas un citoyen de ce pays, qui ne reconnaisse que notre race vaut bien la race germanique ; pas un qui n'accorde que notre passé militaire est au moins aussi glorieux et nos victoires aussi éclatantes que celles de l'Allemagne ; pas un, enfin, qui ne soit intimement convaincu qu'à armes et en nombre égaux nous ne soyons capables, pour ne pas dire plus, de battre les Allemands.

Or, à l'heure présente, nous sommes mieux armés qu'eux, et pouvons aussi être plus nombreux, plus nombreux surtout pour la période décisive des hostilités.

Théoriquement, nous devons les battre.

Et nous concluons :

Nous pouvons et devons les battre à la période de début, avant la fin de la première semaine, s'il y a combat durant cette période.

Nous pouvons et devons les battre dans la seconde période, celle des grandes rencontres, et leur asséner le COUP DE MASSUE dont on ne se relève pas avant la fin de la troisième semaine.

Plus sûrement enfin nous devons triompher d'eux si, les grandes batailles étant indécises, nous sommes obligés de poursuivre une guerre de longue durée, ultérieure aux vingt premiers jours — troisième période — parce qu'alors ce sera l'entrée fatale, inéluctable, de l'Angleterre et de la Russie (1) et le lâchage certain et sans retour de l'Italie et de l'Autriche.

× ×

Et c'est ici, en terminant cette longue étude documentaire, et avant de mettre le point final à cette compendieuse dissertation ; c'est ici, disons-nous, que se pose la question la plus angoissante et la plus difficile à résoudre :

Oui, théoriquement, *nous devons battre les Allemands*, à ne supputer que les éléments mathématiques d'organisation, d'effectifs et d'armement ; à ne voir que les chances *appréciables ;* à ne considérer que le côté *matériel* et à ne déduire des leçons du passé et des événements historiques d'autrefois que ce qu'ils permettent raisonnablement de conclure. Mais la bataille n'est-elle pas, en fin de compte, un conflit de forces morales servies par des forces matérielles, et les premières ne sont-elles point les principales ?

« Plus je réfléchis — vient d'écrire le général anglais Jan Hamilton, qui a suivi toutes les opérations de l'armée japonaise de Kuroki — plus je réfléchis, plus je suis convaincu que ce ne sont ni la stratégie, ni la

(1) Peut-être de l'Espagne avec 120.000 à 180.000 hommes, d'après l'écrivain militaire espagnol Jenaro Alas (octobre 1906).

tactique, ni les armements, ni la perfection des renseignements qui ont donné à Oyama la victoire de Liao-Yang. Ce sont bien plutôt les *âmes* des troupes japonaises… »

Comme l'a dit Dragomiroff, la guerre n'est-elle pas, en dernière analyse, l'homme face à face avec l'homme ? *L'homme avec ses grandeurs et ses faiblesses morales ?*

Et alors ! que pèseront dans la balance les statistiques et les comparaisons numériques, que vaudront les calculs les mieux établis en regard du *moral* qui ne se pèse ni ne se mesure et ne peut que se présumer ?

Quand un écrivain militaire comme le commandant Driant prétend, dans sa mentalité nouvelle, que nous serions battus dans un conflit prochain avec l'Allemagne « parce que nous n'avons ni organisation ni commandement », affirmation bien osée, il est facile de lui répondre par les données et les chiffres que le lecteur connaît.

S'il ajoute que nous le serions aussi pour d'autres raisons : « parce que le kaiser Guillaume a du prestige et du charme (?)… parce qu'il entraînera et électrisera tout le monde (?)… parce que seul il commandera (?)… parce que son grand état-major est exempt de servilisme (?) et que l'intérêt exclusif de l'armée préside aux nominations (?)… », la discussion échappe par l'absence même d'arguments et il est permis de sourire d'assertions aussi fantaisistes et aussi puériles comme bases de démonstration.

A de pareilles suppositions à ce point subtiles et rigoureuses (?), à des pronostics aussi risqués, on peut se contenter d'opposer les gaffes impériales de ces dernières années, et, parmi les plus récentes : Tanger ; ou riposter par les articles antimilitaristes et antiimpérialistes du *Vorwaertz* et autres journaux d'opposition ; par les livres comme la *Révolution de 1912*, de M. Friedrich Rothbarth, qui prédit le soulèvement de la démocratie et le règne de la Terreur... On peut répondre par les publications *vécues* parues en ces derniers temps, traitant de l'Allemagne, de son souverain, de son peuple et de son armée, comme peuvent traiter pareils sujets ceux qui ont passé la plus grande partie de leur existence de l'autre côté du Rhin et non quelques semaines de voyage, à voir exclusivement des manœuvres militaires, ou des revues de parade. Tout cet ensemble est suffisant, et au delà, pour faire apprécier différemment, et plus sainement peut-être, le prestige, le charme, l'autorité du kaiser, l'opinion du pays, la valeur de l'armée et leur influence sur le résultat d'une nouvelle guerre avec la France ; pour réduire, en un mot, l'argumentation du commandant Driant à ce qu'elle vaut en réalité.

Quand le même écrivain annonce notre défaite certaine parce que notre armée n'a plus de discipline, on peut encore être surpris ; mais, à la rigueur, discuter.

Sans discipline, en effet, il n'y a pas d'armée.

Mais où voit-il, dans l'armée française, qu'il n'y a pas de discipline ? Car, enfin, il y a discipline et discipline, celle *apparente* qu'on impose par la contrainte et les sévices corporels, par la schlague, et celle *réelle* qui apparait peu brillante parfois, mais n'en existe pas moins dans les cœurs.

Est-ce donc d'aujourd'hui que tel excellent militaire de caserne, de tenue et de parade est souvent, sur le champ de bataille, un piètre combattant ; est-ce de nos jours seulement qu'une troupe d'aspect imposant, modèle d'obéissance passive et d'impeccables manœuvres ne fournit que de médiocres soldats ? Et réciproquement ?

Étaient-ils donc, apparemment, si disciplinés, nos soldats de Valmy, des Pyramides, de Marengo, et même d'Iéna, en face des Prussiens compassés et prestigieux du duc de Brunswick ? Et les vieux GROGNARDS de Napoléon, et nos zouaves, nos légionnaires, nos marsouins et nos matelots ?

Et d'ailleurs, pour des mutineries ou des rébellions, quelquefois très graves ; pour des désertions nombreuses, qui donc à jamais eu la pensée de mépriser et de flétrir les marines anglaise et américaine ou les armées de tous les pays ?

Mais quand le commandant Driant prédit, à coup sûr, pour la première journée décisive, le *sauve qui peut* des soldats de France devant les sujets de Guillaume — cette mosaïque ethnographique, cet amalgame d'irréconciliables, d'opprimés, de séparatistes : Alsaciens-Lorrains, Danois, Polonais et autres ; — quand il prophétise, *ex cathedrâ*, l'effroyable désastre « parce que notre armée n'a plus d'idéal ; que le courage, l'esprit de sacrifice et le mépris du danger et de la mort y ont diminué », il nous paraît bien téméraire — pour ne pas dire plus — dans son assurance prétentieuse et sa tranchante perspicacité, et nous lui crions : Halte-là !

Halte-là pour bien des raisons, certes ; mais d'abord parce qu'il n'en peut rien savoir, ou à peu près rien, lui pas plus que les autres, du moment qu'il s'agit d'abstractions, de qualités mentales et de forces morales.

Juger le *moral*, problème insoluble, avons-nous dit ; problème que nous avons à peine effleuré, en ébauchant ses données et prémisses au début de cette étude, avec toute l'impartialité possible, toute la franchise et toute l'ampleur désirables ; mais aussi, hélas ! avec la décevante fragilité et l'incertitude qui s'attachent à l'appréciation des impondérables.

Problème insoluble, en effet ; énigme insondable que nul ne peut se flatter de déchiffrer au juste, et dont personne au monde ne peut avoir la prétention de prévoir et de bien connaître la vraie solution.

Supposer, *présumer*, ce n'est pas *savoir* ; et, quand il s'agit de l'état moral des deux armées française et allemande au prochain conflit, devant ce problème dont la solution est si déconcertante et dépendra de tant de choses, dans un doute aussi poignant, dans une incertitude aussi complète, peut-être eût-il été plus sage de ne pas juger avec cette assurance quelque peu présomptueuse, et de ne pas se prononcer dans des termes aussi catégoriques.

Sur des impressions dont on n'est pas toujours le maître ; sur quelques fâcheux indices et pour quelques symptômes décourageants, mais fugitifs et superficiels, il eût été plus raisonnable et surtout patriotique, pensons-nous, de ne pas se croire autorisé à semer dans le grand public le découragement et la peur, cette si mauvaise conseillère, quand nous avons tant besoin de confiance et que la guerre est proche peut-être ; au risque, comme dirait Déroulède, « d'inviter ainsi les Prussiens à sonner le boute-selle, les convier à venir sabrer au visage un peuple sans cœur et sans épée » ; au risque d'entendre un Hervé quelconque s'écrier avec logique au jour du danger : « La France est une nation pourrie, et vous voulez que je la défende ? Son armée est composée d'incapables ou de lâches, et vous voulez que j'aille à la boucherie ? Non... je ne marcherai pas... Il m'est égal d'être Allemand... Vive l'Humanité!!! »

Il fut un temps où nous entendions un autre langage.

L'optimiste exagéré peut-être, mais réconfortant, viril et sain a fait place au pessimisme outré, déprimant et inattendu.

Après les appels de clairon vibrants et fiers, voici que retentit à nos oreilles le son de cloche lugubre, le glas funèbre de notre armée et de nos longs espoirs.

Des Français qu'un gouvernement sectaire et lâche — *certes* — a injustement frappés ont confondu le pays avec son Parlement, et c'est leur seule excuse d'avoir, par patriotisme exaspéré et meurtri, condamné le troupeau pour quelques brebis galeuses.

Quant à nous, qui savons par l'histoire que les armées mauvaises et les armées vaincues ont été et seront encore de toutes les nations et de tous les régimes; pour nous qui avons appris que les gouvernements les plus détestables et les plus exécrés ont eu quelquefois les meilleures armées, nous évoquerons aux yeux des découragés et des prophètes de malheur les légions de France plus ou moins disciplinées et plutôt frondeuses, tour à tour royalistes, révolutionnaires, impérialistes, orléanistes, républicaines, *et victorieuses pourtant*.

Patriotes endurcis, nous ne confondons pas la nation avec le pouvoir; nous ne solidarisons pas le peuple et son armée avec les politiciens repus ou jouisseurs, et les gouvernants dissolus, tyranniques et malfaisants.

Il est encore dans le monde de plus mauvais bergers.

Lorsque Taine, dans son *Histoire de la Révolution*, oubliait la Commune et les clubs pour s'occuper des armées en campagne, il écrivait, après les avoir vues à l'œuvre : « Lorsque, dans une nation, le cœur est si haut, elle se sauve malgré ses gouvernants, quels qu'ils soient, car elle rachète leur *ineptie* par son courage, et couvre leurs *forfaits* par ses exploits. »

Nous avons confiance dans notre armée, dans sa puissance, dans sa valeur ; nous avons foi dans ses destinées.

Et à ceux qui paraissent l'oublier, nous rappellerons que derrière et bien au-dessus des partis et des ministres qui passent, il y a la France qui reste, la France que nous avons le devoir d'aimer et de respecter, la France et sa *race guerrière*.

Pourquoi irait-elle encore a Sedan, puisque c'est bien plutôt vers un nouveau Valmy ou un autre Iéna qu'elle est capable de se diriger actuellement ?

APPENDICE

Les pages qu'on vient de lire étaient écrites, mais encore à l'impression, lorsque se produisirent un certain nombre de faits ou événements d'une réelle importance sur lesquels nous tenons à appeler l'attention de nos lecteurs.

Beaucoup moins à cause de leur signification, précise cependant, que pour l'appui et le surcroît d'intérêt qu'elles donnent à notre livre, nous croyons devoir signaler diverses manifestations toutes récentes de la mentalité allemande, parce qu'elles émanent à la fois du gouvernement, de l'état-major, du parti socialiste et de la presse, c'est-à-dire de l'opinion publique tout entière.

De même nous reproduirons pour des raisons analogues, et sans commentaires — d'ailleurs inutiles — un article que le journal *la Patrie* publiait le 6 mai en tête de ses colonnes sous la signature du général ***.

Nous soumettrons enfin au jugement du lecteur des extraits d'une nouvelle étude du général Bonnal sur *la Prochaine guerre franco-allemande*, en les faisant suivre de quelques réflexions indispensables.

Etat des esprits en Allemagne

Dans son discours du 14 novembre 1906 le prince de Bulow avait dit : « L'entente cordiale (franco-anglaise), si elle n'est pas accompagnée de bonnes relations avec l'Allemagne, sera un danger pour la paix de l'Europe.

» Une politique qui vise à isoler l'Allemagne, à former autour d'elle un cercle de puissances et à la paralyser, serait une politique dangereuse pour la paix de l'Europe.

» Il est impossible de former un cercle de ce genre sans exercer une certaine pression. La pression provoque une contre-pression, et, comme résultat final, il se produit une *explosion.* »

Or, depuis les voyages du roi Edouard en France et ses entrevues avec les rois d'Espagne et d'Italie ; depuis l'accord franco-japonais, le cercle se resserre et la pression augmente ! !

Aussi, dans la séance mémorable du 29 avril dernier, le prince chancelier a-t-il pu déclarer solennellement et avec la plus grande énergie, au milieu de l'enthousiasme délirant du reichstag presque en entier, « qu'à la Conférence de La Haye l'Allemagne refuserait de discuter la question de limitation des armements ».

Quelques jours auparavant le général von Einem, ministre de la guerre, après avoir fait le procès des armées levées à la hâte et composées de recrues ou de réservistes, avait non moins vigoureusement déclaré que « tout devait être mis en œuvre pour que l'armée allemande fût, à toute heure, une *armée prête à la guerre* ».

Entre temps, au commencement de mars 1907, la *Neue Politische Correspondenz*, qui sert fréquemment de porte-parole au gouvernement du kaiser, publiait contre l'Angleterre un article d'une extrême violence où il était dit sous forme de conclusion : « Si *elle* continue dans cette voie, nous serons tentés un jour de mettre impitoyablement en pièces ce filet avant d'être enserrés trop étroitement...

» Si la France veut tirer les marrons du feu pour l'Angleterre, nous ferons en sorte que le feu soit merveilleusement chaud...

» L'armée que l'Allemagne mettra en campagne le premier jour de la mobilisation suffira pour *écraser la France* (?!!), même s'il faut en détacher une partie pour opérer contre l'Angleterre. »

Six semaines après cet accès de xénophobie, précédé d'ailleurs, accompagné ou suivi de tant d'autres similaires dans la presse germanique, le socialiste Noske affirmait au nom de son parti, en plein reichstag, que tous les socialistes marcheraient à la frontière comme un seul homme et défendraient l'empire allemand avec la même fidélité et le même dévouement que les autres partis.

Quant à Bebel, il citait comme un chef-d'œuvre l'organisation de l'armée allemande, demandant seulement à la réformer : « Moins de temps consacré à l'instruction de parade, et beaucoup plus à la *préparation guerrière.* »

« Nous ne sommes — disait-il encore — ni ennemis de l'armée, qui est utile même au point de vue de l'hygiène et du développement physique, ni ennemis de la patrie allemande que nous voulons faire une nation modèle; une patrie comme on ne peut en imaginer une plus belle...

» Nous considérons le service militaire comme une chose toute naturelle, et, partisans résolus du service militaire obligatoire, nous voudrions que tous les hommes capables de porter les armes soient soldats. »

L'INDISCIPLINE DE L'ARMÉE FRANÇAISE !

Voici l'article du journal *la Patrie* :

« Depuis des années on nous prédit la décomposition de l'armée française. Elle a, à ce que disent ses détracteurs, tous les vices ; mais surtout, le plus grave de tous, l'indiscipline.

» Ses soldats ont été tellement travaillés par les apôtres de la propagande pacifiste, antipatriotique et antimilitariste, qu'ils doivent lever la crosse en l'air devant l'ennemi du dedans comme celui du dehors, en présence de l'émeute comme de l'invasion. Donc, l'armée française n'existe plus.

» Voilà la thèse.

» Il est permis d'y regarder d'un peu près.

» La conclusion est rigoureusement logique si les prémices sont vraies.

» Voyons les prémices. Nos soldats font-ils, oui ou non, leur devoir en face de leurs adversaires du dehors ou du dedans ?

» Pour les premiers, il est difficile d'en juger : nous n'avons eu depuis trente-six ans que des guerres coloniales.

» A nos troupes, elles ont semblé jeu d'enfants. D'autres armées n'ont pas été si heureuses. Mais laissons cela et n'humilions personne.

» Reste le rôle de la troupe à l'intérieur de la métropole.

» On me concèdera bien que c'est là que l'indiscipline résultant de la propagande anarcho-socialiste peut jouer les plus vilains tours.

» A ce point de vue spécial de la discipline — et de la discipline sociale — il est évident que les discordes civiles constituent l'épreuve la plus dure.

» Des armées excellentes à d'autres points de vue y ont succombé : celles, par exemple, de la Restauration en 1830, de Louis-Philippe en 1848. Leurs soldats ont mis, réellement, la crosse en l'air devant les émeutiers. Et c'étaient des soldats de carrière, dont les écrivains militaires nous font l'éloge à tout bout de champ.

» Nos soldats de deux ans, véritables conscrits, en ont-ils fait autant jusqu'à présent ? Ont-ils laissé percer la plus légère intention de le faire?

» Non : il est impossible de relever contre eux le moindre fait de ce genre.

» Les occasions n'ont pas manqué, hélas ! depuis vingt ans.

» La désunion française est à son comble.

» Toutes les passions, tous les intérêts sont en jeu, les plus vils comme les plus élevés.

» Moralement, nous vivons en pleine guerre civile, sociale et religieuse.

....

» Juifs contre chrétiens, protestants contre catholiques, francs-maçons contre jésuites, pauvres contre riches, financiers contre honnêtes gens — j'en passe et des pires — tous se regardent en chiens de faïence. Et ils aboient.

» Pourquoi personne ne mord-il ?

» C'est que l'armée veille, qu'elle n'a jamais donné aucun signe de faiblesse ; que, pour me servir d'une expression à la mode en sport : *elle est là !*

» Elle vaut par elle-même et non par tel ou tels chefs, telle ou telles impulsions, tel ou tels ministères ou régimes.

» C'est, en langage militaire, un corps : un corps puissant, bien constitué, puisant sa force par de belles et fortes racines dans une terre généreuse.

» A l'abri de tout accident ? Non, certes. De toute corruption ? Sans aucun doute.

» L'armée française est saine et forte comme sa nation.

» Mal préparée et mal conduite, comme par les généraux du second Empire, elle peut être battue — et les autres aussi, nous le leur avons fait voir !

» Elle ne peut l'être d'une façon humiliante, car chaque homme y fait son devoir jusqu'au bout et ne cède qu'au nombre écrasant.

» Rien n'a changé à ce point de vue.

» Nos grévistes, au bout de dix ans d'épreuves, s'en sont bien rendu compte.

» Ils n'ont pas réussi à détourner un de nos hommes du droit chemin... »

....

Le Général ***.

La prochaine guerre franco-allemande

Revenant sur un sujet qui lui tient décidément à cœur, le général Bonnal faisait paraître à la fin du mois de mars dernier, dans le journal *le Gaulois*, un nouvel article très étudié et très net dans ses conclusions sur les « premières batailles d'une guerre franco-allemande ».

En voici quelques extraits :

« Les Allemands — écrivait-il — ont tout de même tort de... vendre la peau de l'ours avant de l'avoir tué... La France, après un demi-siècle de revers et de tristesse, *peut* encore connaître à nouveau... l'ivresse des soirs de batailles gagnées... »

Et plus loin :

« L'Allemagne prendra l'offensive, si bien dans ses traditions...

» Si dans un avenir rapproché nous devons avoir la guerre avec les Allemands, quinze jours à peine s'écouleront entre l'ordre de mobilisation et les premiers engagements sur le front... »

Le lecteur se rappelle que, en ce qui concerne : 1° la portion des troupes allemandes de première ligne, regardée, par le général Bonnal comme indisponible pour la frontière franco-allemande et retenue au nord ou à l'est de l'empire ; 2° l'importance *décisive* des premières batailles, nous professons et avons développé les mêmes appréciations que lui.

Voici que le général apporte aux autres données de la thèse qui fait l'objet et la base de notre étude militaire l'appui de sa haute autorité et de son indéniable compétence ; il est, en effet, d'accord avec nous sur les trois points suivants : 1° possibilité de la victoire française ; 2° certitude de l'offensive allemande ; 3° date probable — quasi certaine — des premières grandes rencontres.

Nous sommes trop heureux de cette identité de vues, et — pourquoi ne pas l'avouer — trop fier, pour ne pas faire remarquer et bien mettre en lumière un aussi puissant concours, une contribution si précieuse aux conclusions de notre *Coup de massue*.

Dr J. Aubœuf

10 mai 1907.

TABLE DES MATIÈRES

Paris et Limoges. — Imp. milit. Henri Charles-Lavauzelle.

www.ingramcontent.com/pod-product-compliance
Ingram Content Group UK Ltd.
Pitfield, Milton Keynes, MK11 3LW, UK
UKHW022018170726
13837UKWH00001B/266